Baden-Württemberg
Baden-Württemberg
Le Bade-Wurtemberg

Gerhard Launer / Martin Blümcke

Baden-Württemberg

Baden-Württemberg / Le Bade-Wurtemberg

Eine Luftbildreise

Ellert & Richter Verlag

Inhalt | Contents | Sommaire

Die landschaftlichen Reize, die alten Gassen, das Schloss und die Universität schaffen eine besondere Atmosphäre. Jahr für Jahr ist Heidelberg das Ausflugsziel für Hunderttausende von Besuchern aus aller Welt.

The picturesque location, old alleys, castle and university combine to create a special atmosphere. Year after year Heidelberg is visited by hundreds of thousands of tourists from all over the world.

Les charmes de son paysage, les vieilles ruelles, le château et l'université contribuent à faire naître l'atmosphère toute particulière qui caractérise la ville. D'année en année, Heidelberg est la Mecque de centaines de milliers de visiteurs venus du monde entier.

Folgende Doppelseite: Der Neckar bahnt sich in seinem Unterlauf in vielen Windungen seinen Weg durch den roten Sandstein des Odenwaldes. Im Hintergrund Heidelberg.

Next double page: On its lower reaches the River Neckar winds its way through the red sandstone of the Odenwald to Heidelberg (seen here at the rear), where it enters the plains of the Rhine Valley.

Double page suivante: Dans sa partie inférieure, le Neckar se fraie un chemin en serpentant à travers le grès rouge de l'Odenwald. A l'arrière-plan, Heidelberg.

Von Heidelberg bis Baden-Baden

In seinem Unterlauf bahnt sich der Neckar in vielen Windungen seinen Weg durch den roten Sandstein des Odenwalds. An der Stelle, wo der Fluss in die Rheinebene tritt, liegt Heidelberg, eine Großstadt mit der ältesten Universität Deutschlands, 1386 gegründet. Genau 400 Jahre später begann man mit dem Bau der vielbogigen Alten Brücke über den Neckar, die die enge Altstadt samt der spätgotischen Heiliggeistkirche mit der Bergstraße verbindet. Heidelberg, dessen Schönheit Dichter wie Joseph von Eichendorff, Clemens von Brentano oder Achim von Arnim im 19. Jahrhundert priesen, gilt als der Inbegriff des romantischen Deutschlands. Beim Spaziergang auf dem Philosophenweg mit Blick über den Neckar, die pittoreske Altstadt und auf das Schloss kann sich auch der heutige Besucher dem Reiz der Stadt nicht entziehen. Auf einem Bergvorsprung des Königstuhls erhebt sich eindrucksvoll die Ruine des Heidelberger Schlosses mit den sandsteinroten Renaissance-Bauten: ein Magnet für Touristen, vor allem für Japaner und Amerikaner. Bis 1720 war das Schloss Residenz der Kurfürsten.

From Heidelberg to Baden-Baden

On its lower reaches the River Neckar winds its way through the red sandstone of the Odenwald to Heidelberg, where it enters the plains of the Rhine Valley. Heidelberg is the city with the oldest university in Germany, founded in 1386. Precisely 400 years later, work began on the many-arched Alte Brücke that spans the Neckar and links the Altstadt and the late Gothic church Heiliggeistkirche with the Bergstrasse. Heidelberg is considered to epitomise romantic Germany. In the nineteenth century, poets such as Joseph von Eichendorff, Clemens von Brentano and Achim von Arnim praised the city's beauty in verse. When you walk along the Philosophenweg with its view of the river and the picturesque Altstadt you will to this day be charmed without fail by the city. On a promontory of the Königstuhl the ruins of Heidelberg's Schloss, or former palace, stand impressively. Its red sandstone buildings in the Renaissance style are a tourist magnet, especially for Japanese and American visitors. Until 1720 the Schloss served as the residence of the electoral prince.
At the confluence of the Rhine and the Neckar the electoral princes of the Palatinate built from 1600 near a fishing village by the name of Mannheim first a fortress, then a new palace. Mannheim owes to the grid pattern of its street layout the nickname Quadratestadt, or city on the square. The electoral prince's Baroque palace now houses the university.

De Heidelberg à Baden-Baden

Dans sa partie inférieure, le Neckar fraie son chemin en serpentant à travers le grès rouge de l'Odenwald. A l'endroit où ce fleuve pénètre dans la plaine du Rhin, est située Heidelberg, une grande ville avec la plus ancienne université d'Allemagne, fondée en 1386. C'est exactement 400 ans plus tard qu'on entreprit la construction du vieux pont aux nombreuses arcades sur le Neckar, qui relie la vieille ville aux maisons tassées, y compris son église Heiliggeistkirche de style gothique tardif, avec la «Bergstraße». Heidelberg passe pour être la ville romantique allemande par excellence, des écrivains tels que Joseph von Eichendorff, Clemens von Brentano ou Achim von Arnim ont loué au XIXe siècle la beauté de la ville. Le visiteur de nos jours lui aussi ne peut se soustraire au charme de cette ville, spécialement s'il se promène le long du Philosophenweg avec sa vue sur le Neckar, sur la vieille ville pittoresque et sur le château. Sur un promontoire du Königstuhl se dressent les ruines impressionnantes du château de Heidelberg et de ses corps de bâtiments en grès rouge de style Renaissance: elles exercent un attrait irrésistible sur les touristes, en particulier sur les Japonais et les Américains. Jusqu'en 1720, le château était la résidence des princes-électeurs.
Près de Mannheim, alors village de pêcheurs à l'angle formé par la jonction du Rhin et du Neckar, les princes-électeurs du Palatinat ont

Der Friedrichsplatz der Quadratestadt Mannheim kann mit manch anderen Plätzen dieser Art durchaus konkurrieren. Bruno Schmitz hat ihn entworfen, 1901 wurde er fertiggestellt. Den Abschluss des Platzes bildet ein 60 Meter hoher Wasserturm, im römischen Monumentalstil erbaut.

Friedrichsplatz in Mannheim, the city built on a grid, can hold its own against many others of its kind. It was designed by Bruno Schmitz and completed in 1901. The square is rounded off by the 60-metre (197-foot) water tower, built in Roman monumental style.

La Friedrichsplatz de Mannheim, ville dont le plan a la figure d'un damier, peut soutenir la comparaison d'autres places du même genre. C'est à Bruno Schmitz que l'on doit de l'avoir conçue; elle fut achevée en 1901 et est fermée par une tour de 60 mètres de haut, érigée dans le style monumental romain.

Die Universitäts- und ehemalige Residenzstadt Mannheim ist mit mehr als 300 000 Einwohnern die zweitgrößte Stadt Baden-Württembergs. Am Rhein gelegen, bildet sie mit ihrer Nachbarin Ludwigshafen ein bedeutendes wirtschaftliches und kulturelles Zentrum.

The university city of Mannheim, once the seat of the Electors Palatine, has more than 300,000 inhabitants and is the second largest city in Baden-Württemberg. Situated on the Rhine, together with its neighbour Ludwigshafen it forms an important economic and cultural centre.

Mannheim, cité universitaire et ancienne résidence palatine, est avec sa population de plus de 300.000 habitants la deuxième ville du Bade-Wurtemberg. Située sur le Rhin, elle forme avec Ludwigshafen, sa voisine, un important centre économique et culturel.

Von Heidelberg bis Baden-Baden

From Heidelberg to Baden-Baden

De Heidelberg à Baden-Baden

Auf der südlich von Mannheim gelegenen, 4,574 Kilometer langen Motorsport-Rennstrecke Hockenheimring werden alle zwei Jahre auch Formel-1-Rennen ausgetragen. Rechts davon die A 6.

Among other events, the 4.574-kilometre Hockenheimring motor racing circuit is the venue for the biennial Formula One German Grand Prix. To the right of it is the A 6 autobahn.

Les courses de formule 1 sont également disputées tous les deux ans sur le circuit de sport auto/moto, long de 4,574 kilomètres, du Hockenheimring situé au sud de Mannheim. A droite de celui-ci, l'autoroute A 6.

Im Mündungswinkel von Rhein und Neckar haben nach 1600 die Kurfürsten von der Pfalz beim Fischerdorf Mannheim erst eine Festung, dann eine neue Residenz geschaffen. Die damalige Planung eines gitterförmigen Straßennetzes hat Mannheim den Beinamen „Quadratestadt" gebracht. Im kurfürstlichen Barockschloss ist die Universität untergebracht. Der Hauptbahnhof nebenan ist der Schnittpunkt etlicher Fernverbindungen. Mannheim ist mit seinen mehr als 300 000 Einwohnern die zweitgrößte Stadt in Baden-Württemberg, eine Arbeiter- und Industriestadt, in der auch die Musen ihren Sitz haben. So steht unweit der Kunsthalle und nicht weit vom markanten Wasserturm das Landesmuseum für Technik und Arbeit, Technoseum. Mannheim und Heidelberg bilden das Rückgrat der Kurpfalz, zu der auch Schwetzingen gehört, der ehemalige Sommersitz der Kurfürsten mit einer eindrucksvollen Parkanlage. Da in der Hofküche gerne Spargel verwendet wurde und Boden und Klima dieses schmackhafte Gemüse hier besonders gut gedeihen lassen, ist der Spargel aus dieser Gegend weltberühmt geworden.
Die Rheinebene ist überwiegend Ackerland und Siedlungsfläche, doch auch der Wald hat sich behauptet. Mitten in einem Waldgebiet liegt die Rennstrecke des Hockenheimrings,

The adjoining main station lies at the intersection of a number of long-distance rail links. With a population of over 300,000, Mannheim is Baden-Württemberg's second-largest city, a city of working people and industry that is also home to a number of museums. Not far from the Kunsthalle and a water tower that is one of the city's landmarks is the State Museum of Technology and Labour, the Technoseum. Mannheim and Heidelberg are the heavyweights of the Kurpfalz region, which also includes Schwetzingen, with a palace and grounds, incorporating an impressive park, where the electoral princes used to spend the summer. Asparagus was a favourite summer dish at court, and as the soil and climate are particularly good for this tasty vegetable in this area, its asparagus is renowned all over the world.
The plains of the Rhine Valley consist mainly of farmland and settlements, but woodland has survived. The Hockenheim grand prix racetrack nestles in a woodland area and is an annual rendezvous on the Formula 1 circuit. On the eastern perimeter of the plain lies a

d'abord fondé une forteresse au XVIIe siècle, puis une nouvelle résidence. Les plans de l'époque avec des rues agencées en damier, ont donné à Mannheim le surnom de «Quadratestadt», la ville au carré. L'université a été installée dans le château des princes-électeurs de style baroque. La gare centrale tout près est le point de jonction de nombreuses grandes lignes. Forte de plus de 300 000 habitants, Mannheim est la deuxième ville du Bade-Wurtemberg, une ville ouvrière et industrielle, dans laquelle les Muses aussi ont trouvé leur place. C'est ainsi que non loin de la Kunsthalle, le Musée des Beaux-Arts, et de l'imposant château d'eau se trouve le Musée régional des Techniques et du Travail «Technoseum». Mannheim et Heidelberg sont les deux centres de gravité du Palatinat, duquel fait encore partie Schwetzingen, l'ancienne résidence d'été des princes-électeurs avec son superbe parc. Comme les asperges étaient fréquemment servies à la table des princes, et que le sol et le climat sont favorables à la culture de ce savoureux légume, les asperges de cette région sont réputées dans le monde entier.
La plaine du Rhin est principalement une région de culture où les hommes ont fondé de nombreux villes et villages, mais les forêts ont résisté. C'est au cœur de l'une d'entre elles qu'est situé le circuit du Hockenheim, lieu de rencontre annuel du monde des formules 1.

Im südlichen Bereich des Schwetzinger Schlossensembles, im Türkischen Garten, steht die mit zahlreichen orientalischen Elementen versehene Rote Moschee. Sie ist der erste und größte Bau dieser Art in einem deutschen Park.

The Red Mosque with its ornate oriental-style architecture stands in the Turkish Garden in the southern part of the Schwetzingen Palace ensemble. It was the first, and largest building of its kind to be erected in a German park.

Dans la partie sud du château de Schwetzingen, dans l'enceinte du Jardin Turc, se dresse la Mosquée Rouge, ornée de nombreux éléments d'inspiration orientale. Elle constitue le premier et plus grand édifice du genre élevé dans un parc allemand.

Schloss Schwetzingen, Wahrzeichen der Stadt im Rhein-Neckar-Dreieck, wurde unter Kurfürst Carl Theodor (1724–1799) zur Sommerresidenz ausgebaut und war zu seiner Blütezeit als das „pfälzische Versailles“ bekannt. Heute ist es vor allem für seinen im 18. Jahrhundert angelegten barocken Schlossgarten berühmt.

Schloss Schwetzingen is the emblem of Schwetzingen, a town in the Rhine-Neckar triangle. The palace was extended into a summer residence during the reign of Elector Carl Theodor, 1724–1799, and in its heyday was known as the "Palatine Versailles." Now it is known mainly for its eighteenth-century Baroque garden.

Le château de Schwetzingen, aménagé sous l'électeur Charles-Théodore (1724–1799) comme résidence d'été, connu à son apogée comme le «Versailles du Palatinat», est l'emblème de la ville située dans le triangle formé par le Rhin et le Neckar. Il est aujourd'hui avant tout célèbre pour son parc baroque, aménagé au XVIIIe siècle.

Typisch für das Adelsland Kraichgau ist die Burg Neidenstein. Sie liegt auf einem Hang weithin sichtbar über dem Schwarzbachtal und oberhalb des Ortes Neidenstein. Bis auf die östliche Palastruine wurde die Anlage im 19. und 20. Jahrhundert komplett restauriert.

Neidenstein Castle is typical of the stately homes found in the Kraichgau region. Built on a hill above the village of Neidenstein, it can be seen from far and wide towering above the Schwarzbach Valley. Except for the easternmost palace ruins, the complex was completely restored in the nineteenth and twentieth century.

Le château fort de Neidenstein est caractéristique du Kraichgau, terre d'élection de la noblesse. Surplombant la vallée du Schwarzbach et la petite ville de Neidenstein il trône sur une hauteur et est visible de loin. Mises à part les ruines du palais côté est, l'ensemble fut entièrement restauré aux XIXe et XXe siècles.

mittlerweile Treffpunkt des Formel-1-Zirkus. Am östlichen Rand der Ebene erhebt sich der Kraichgau, ein lößbedecktes fruchtbares Hügel- und Bauernland. Hier liegen die Fachwerkstadt Eppingen und Sinsheim mit seinem besuchenswerten Auto- und Technikmuseum. In der Ebene verdient als nächstes Bruchsal unsere Aufmerksamkeit, wo die barocke Residenz der Fürstbischöfe von Speyer mit dem berühmten Treppenhaus von Balthasar Neumann in den Nachkriegsjahren wiederhergestellt worden ist.
Weiter südlich, bei Karlsruhe, reichen mit dem Pfinzgau die nördlichsten Ausläufer des Schwarzwalds schon näher an den Rhein heran. Da es dem badischen Markgrafen Karl Wilhelm im Städtchen Durlach zu eng geworden war, verlegte er 1718 den Regierungssitz in das kurz zuvor von ihm gegründete Karlsruhe. Vom Schloss mit seinen beiden Flankenflügeln wurde die Residenzstadt planmäßig gestaltet. Das wieder aufgebaute Barockschloss beherbergt heute das Badische Landesmuseum, klassizistische Bauten bestimmen das Stadtbild. Den Verlust, nicht mehr Verwaltungszentrum für das Land Baden zu sein, hat Karlsruhe, die einstige

plateau, the Kraichgau, with its fertile, loess-covered hills and farmland and Eppingen, a town of half-timbered buildings, and Sinsheim, with its museum of cars and technology, which is well worth a visit. The next town in the plain that deserves our attention is Bruchsal, where the Baroque palace of the prince-bishops and the famous Balthasar Neumann staircase were restored in the post-war years.
Further south, in Karlsruhe, the Pfinzgau and the northernmost foothills of the Black Forest come in closer to the Rhine. Karl Wilhelm, margrave of Baden, felt too restricted in Durlach and moved his seat of government in 1718 to Karlsruhe, a city he had newly founded. Fanning out from the palace with its two wings and, more especially, from the palace tower, the city was laid out on a fan-shaped grid to which lateral roads were later added. The rebuilt Baroque palace now houses the Baden State Museum, and buildings in the classical style predominate. Karlsruhe has offset the loss resulting from no longer being the administrative centre of Baden and city of its margraves and grand-dukes by taking on a new role. It is now home to the Federal Supreme Court and Federal Constitutional Court and can claim the honourable title "seat of the law." Karlsruhe University dates back to a technical college founded in 1825. In 2009, the Karlsruhe Institute of Technology was founded by a merger of the University and Forschungszentrum Karlsruhe. Wide-ranging

En bordure est de cette plaine, le terrain s'élève en un palier: le Kraichgau, une contrée de collines au sol loessique fertile où les paysans sont encore nombreux. C'est ici qu'on trouve Eppingen, ville aux maisons à colombage, ainsi que Sinsheim avec son Musée de l'Automobile et des Techniques qu'il ne faut pas manquer de visiter. Dans la plaine, c'est au tour de Bruchsal de mériter notre attention, où la résidence de style baroque des princes-évêques de Spire avec son célèbre escalier de Balthasar Neumann a été reconstruite dans les années d'après guerre.
Plus au sud, à Karlsruhe, les contreforts nord de la Forêt-Noire s'avancent en direction du Rhin avec le Pfinzgau. Comme le margrave badois Karl Wilhelm se trouvait à l'étroit dans la petite ville de Durlach, il transféra en 1718 le siège de son gouvernement à Karlsruhe qu'il avait fondée peu avant. Il fut donné au plan de la ville-résidence une forme d'éventail partant du château avec ses deux ailes, plus exactement de la tour du château, et plus tard des rues transversales y ont été ajoutées. Le château de style baroque a été reconstruit et abrite actuellement le Musée régional badois. Des bâtiments de style classique donnent leur empreinte à la ville. Et si l'ancienne résidence des margraves et grands-ducs de la Bade n'est

Das später großherzogliche Schloss in Karlsruhe wurde 1715 als Residenz des Markgrafen Karl Wilhelm von Baden-Durlach erbaut. Beeindruckend ist der zwischen 1731 und 1746 von dem bekannten Parkgestalter Christian Thran im französischen Barockstil angelegte Schlossgarten. Heute ist in dem Gebäudekomplex das Badische Landesmuseum sowie – weiter links – ein Teil des Bundesverfassungsgerichts untergebracht.

The palace in Karlsruhe, later a Grand Duke's residence, was built in 1715 for Margrave Karl Wilhelm of Baden-Durlach. The impressive gardens in the French baroque style were laid out between 1731 and 1746 by the well-known landscape architect Christian Thran. The complex now houses the Baden State Museum and, further to the left in the picture, part of Germany's Federal Constitutional Court.

Le château de Karlsruhe fut construit en 1715 et servit après de résidence du margrave Charles-Guillaume de Bade-Durlach. Les jardins du château furent aménagés dans le style baroque français entre 1731 et 1746 par Christian Thran, un dessinateur de jardin célèbre. Le Musée du Land de Bade ainsi qu'une partie de la Cour constitutionnelle suprême – que l'on voit sur l'image un peu plus à gauche – sont aujourd'hui installés dans ce complexe de bâtiments.

Residenz der Markgrafen und Großherzöge von Baden, durch eine neue Bestimmung wettgemacht: Es ist Sitz des Bundesgerichtshofs und des Bundesverfassungsgerichts geworden und führt die ehrenvolle Bezeichnung „Residenz des Rechts". Die Universität ist aus einer bereits 1825 gegründeten Technischen Hochschule hervorgegangen und hat sich im Jahr 2009 mit dem Forschungszentrum Karlsruhe zum Karlsruher Institut für Technologie (KIT) zusammengeschlossen. Zur weitverzweigten Industrie kommen ein umschlagstarker Rheinhafen und Erdölraffinerien.
Auf dem weiteren Weg nach Süden wird man vom tannenreichen Nordschwarzwald begleitet, dessen höchste Erhebung die Hornisgrinde (1163 Meter) ist. Ihr zu Füßen liegt der geheimnisumwobene Mummelsee. Der Sage nach haust hier der Mummelseekönig, dessen Nixentöchter in Vollmondnächten am Ufer tanzen. In einem Seitental verbirgt sich Baden-Baden, eine mondäne Bäderstadt mit Historie, die bis in die Römerzeit zurückreicht. Im Tal der Oos liegen das Festspielhaus, die weltbekannte Spielbank, die Kunsthalle, das Museum Frieder Burda und das Zisterzienserinnenkloster Lichtenthal mit einer großartigen Allee. Von Baden-Baden führt die Schwarzwaldhochstraße zu vielen Wandergebieten und Aussichtspunkten. Sie endet in Freudenstadt, der um 1600 nach dem Muster eines Mühlespiels angelegten württembergischen Grenzstadt mit einem riesigen Marktplatz.

industrial activity is served by the city's busy inland port and oil refineries.
As you head further south you are constantly accompanied by the fir trees of the northern Black Forest, which here rises to an elevation of 1,163 metres, the height of the Hornisgrinde with the mysterious Mummelsee nestling below it. Legend has it that the lake is the home of the Mummelkönig, or Mummel King, whose mermaid daughters danced by the lakeside at full moon. Hidden in a side valley is Baden-Baden, a fashionable spa with a history that dates back to Roman times. In the valley of the River Oos lie the Festspielhaus, the world-renowned casino, the Kunsthalle, the Museum Frieder Burda and Lichtenthal Cistercian convent with its magnificent tree-lined avenue. From Baden-Baden the Schwarzwaldhochstrasse, or Black Forest High Road, passes many hiking areas and vantage points, ending in Freudenstadt, the Württemberg border town that was built in about 1600 in a chequer-board pattern around a gigantic market square.

plus le centre administratif de la région badoise, elle s'est rattrapée en devenant le siège de la Cour constitutionnelle et Cour de cassation, d'où sa nouvelle dénomination: «Résidence du Droit» dont elle est fière. L'université est issue d'une Ecole Technique Supérieure fondée dès 1825. En 2009 l'Institut de Technologie de Karlsruhe est né de la fusion de l'université et du centre de recherche (Forschungszentrum) de Karlsruhe. L'industrie est diversifiée dans cette ville au port fluvial de transbordement important, où sont installées aussi des raffineries de pétrole.
En poursuivant son chemin vers le sud, on longe le nord de la Forêt-Noire, riche en sapins dont le sommet, la Hornisgrinde, atteint 1163 mètres. A ses pieds s'étend le lac de Mummelsee, entouré de mystères. La légende veut qu'ici vive le roi «Mummel», dont les filles, ondines, dansent sur la rive par les nuits de pleine lune. Dans une vallée latérale se cache Baden-Baden, une ville d'eaux mondaine, dont l'histoire remonte au temps des Romains. Dans la vallée de l'Oos se trouve la Festspielhaus, le casino connu du monde entier, le Musée des Arts, le Musée Frieder Burda et le Lichtenthal, couvent de cisterciennes avec son allée majestueuse. La «Hochstraße», route des crêtes de la Forêt-Noire, mène de Baden-Baden à une contrée riche en chemins de randonnées et en points de vues, et aboutit à Freudenstadt, ville frontière du Wurtemberg fondée en 1600 sous la forme d'un jeu de marelle avec en son centre une immense place du marché.

Das am Rande des nördlichen Schwarzwalds im Tal der Oos gelegene Baden-Baden kann auf eine zweitausendjährige Geschichte als Bäderstadt zurückblicken. Ihre Glanzzeit als „Sommerhauptstadt Europas“ liegt im 19. Jahrhundert, als Adelige und Bürger, Industrielle und Künstler hier kurten. Heute hat sich der weltbekannte Kurort auch als Kunst- und Festspielstadt etabliert. Rechts der Turm Fremersberg mit Aussichtsplattform.

Baden-Baden, situated on the edge of the northern Black Forest in the Oos Valley, has been a spa town for two thousand years. Its heyday as "Europe's summer capital" was in the nineteenth century, when aristocrats and bourgeois, industrialists and artists came to relax and convalesce there. Now the world-famous spa has also established a reputation as a city of art and festivals. To the right is the Fremersberg tower with its observation deck.

Situé à la lisière septentrionale de la Forêt-Noire, dans la vallée de l'Oos, Baden-Baden s'enorgueillit d'une histoire doublement millénaire en tant que ville d'eaux. «Capitale estivale d'Europe», elle connut son apogée au XIXe siècle, à l'époque où nobles et bourgeois, industriels et artistes y venaient en cure. Cette station thermale, connue dans le monde entier, s'est aujourd'hui forgé une réputation de ville d'art et de festivals. A droite, la tour Fremersberg et sa plate-forme panoramique.

In Freudenstadt, das auf einem Hochplateau im Nordschwarzwald liegt und als heilklimatischer Kurort anerkannt ist, beeindruckt der riesige Marktplatz. In der Bildmitte die hakenförmig erbaute evangelische Stadtkirche.

Freudenstadt, situated on an upland plateau in the northern Black Forest, is an officially recognised climatic health resort. Its gigantic market square is an impressive sight. In the centre of the picture is the L-shaped Protestant town church.

A Freudenstadt, situé sur un haut plateau dans le nord de la Forêt-Noire, ville reconnue station climatique, on sera impressionné par la vaste Place du Marché. Au centre de l'image, la Stadtkirche, église protestante construite en forme de crochet.

Von der Ortenau über den Schwarzwald ins Markgräfler Land

Saßen in Durlach und später in Karlsruhe die evangelischen Markgrafen von Baden, so residierten in Baden-Baden die katholischen. Ihr bedeutendster Repräsentant war um 1700 Markgraf Ludwig Wilhelm, genannt der Türkenlouis, da er in Südosteuropa erfolgreich gekämpft hatte. Er wandelte das Dorf Rastatt zu seiner Residenz um, die im Schatten einer gewaltigen barocken Schlossanlage liegt. In der späteren Festung Rastatt endete im Sommer 1849 vor der Übermacht der preußischen Truppen die badische Revolution, die einzige in Deutschland, die die Regierungsgewalt erlangt hatte.
Mitten in der Ortenau liegt Offenburg, umgeben von Obstgärten und Rebhängen. Die ehemalige Reichsstadt weist eine günstige Verkehrslage auf, fließt doch hier die Kinzig in den Rhein, die mit ihrem breit ausgeräumten Tal den Schwarzwald in eine nördliche und eine südliche Hälfte teilt. Flussaufwärts reihen sich hübsche Städtchen mit historischen Bauten wie Gengenbach, Haslach, Hausach, Schiltach und Wolfach. In Offenburg zweigt von der Rheintalstrecke die Schwarzwaldbahn ab, die sich hinter Triberg in Kehrtunnels auf die Hochfläche der Baar schraubt.

From the Ortenau via the Black Forest to the Markgräfler Land

Durlach and, later, Karlsruhe were where the Protestant margraves of Baden ruled. Baden-Baden was favoured by the Catholic margraves, the most important of whom, in about 1700, was Ludwig Wilhelm, known as Türkenlouis for having fought with such success against the Turks in south-eastern Europe. He transformed the village of Rastatt into his capital, overlooked by an enormous Baroque palace. In Summer 1849 the Baden Revolution ended here, in what was later the fortress of Rastatt. The only revolution in Germany that came to power at the time, it succumbed to the superior strength and numbers of the Prussian troops sent in to put it down.
At the centre of the Ortenau region lies Offenburg, surrounded by orchards and vineyards. The former free imperial city's geographical location is most convenient. It is where the Kinzig flows into the Rhine after dividing the Black Forest into a northern and a southern half with its wide river valley. Upstream lie attractive small towns with historic buildings such as Gengenbach, Haslach, Hausach, Schiltach and Wolfach. In Offenburg the Black Forest line branches off from the Rhine Valley rail route and heads off past Triberg through serpentine tunnels up to the Baar plateau.
In Rust, a village in the plain, the Europa-Park, a leisure centre, has grown into a very popular attraction, while the Glottertal valley reaching back into the Black Forest made a

De l'Ortenau au Markgräfler Land, en passant par la Forêt-Noire

Tout comme les margraves badois de religion protestante résidaient à Durlach, puis à Karlsruhe, ceux de religion catholique eux étaient à Baden-Baden. Leur plus digne représentant vers 1700 était le margrave Louis Guillaume de Bade, dit Louis le Turc, car il s'était battu avec succès dans le sud-est européen. Il transforma le village de Rastatt en une ville-résidence, qui vit dans l'ombre d'un immense château de style baroque. C'est dans la forteresse ultérieure de Rastatt que la révolution des Badois – c'était la seule en Allemagne qui avait réussi à s'emparer du gouvernement – finit l'été 1849, avant la prise du pouvoir par les troupes prussiennes.
Offenburg est en plein milieu de l'Ortenau, entourée de vergers et de vignobles.
L'ancienne ville impériale bénéficie de bonnes voies de communication, en commençant par la rivière Kinzig qui se jette ici dans le Rhin, creusant une large vallée qui partage la Forêt-Noire en deux parties, moitié nord et moitié sud. Toute une série de jolies petites villes avec leurs bâtiments historiques bordent le cours supérieur de la rivière, comme Gengenbach, Haslach, Hausach, Schiltach et Wolfach.
A Offenburg, le chemin de fer de la Forêt-Noire quitte l'axe de la vallée du Rhin et à Triberg il grimpe avec peine sur le haut plateau de Baar en traversant des tunnels hélicoïdaux.

Das Schloss Favorite bei Rastatt: Die Bauherrin der dreigeschossigen, von 1710 bis 1730 errichteten Anlage war Markgräfin Sibylla Augusta von Baden, Witwe des „Türkenlouis".

Favorite Palace on the outskirts of Rastatt: The three-storey palace was built between 1710 and 1730 for Margravine Sibylla Augusta of Baden, the widow of "Türkenlouis."

Le château Favorite près de Rastatt. La commanditaire de cet ensemble à trois étages, érigé de 1710 à 1730, était la margrave Sibylla Augusta von Baden, veuve de «Louis le Turc».

Folgende Doppelseite: Weiter Blick über die Terrassen-Landschaft des Kaiserstuhls mit seinen weltberühmten Weinlagen. Im Hintergrund erhebt sich der südliche Schwarzwald.

Next double page: The camera pans far and wide across the terraced landscape of the Kaiserstuhl and its world-famous vineyards. In the background is the southern Black Forest.

Double page suivante: L'œil vagabonde jusqu'au lointain horizon, par-delà le paysage vallonné du Kaiserstuhl et de ses vignobles en terrasse de réputation mondiale. À l'arrière-plan, les cimes des montagnes du sud de la Forêt-Noire.

Von der Ortenau über den Schwarzwald ins Markgräfler Land

From the Ortenau via the Black Forest to the Markgräfler Land

De l'Ortenau au Markgräfler Land, en passant par la Forêt-Noire

Vor den Höhenzügen des südlichen Schwarzwalds liegt die Stadt Freiburg mit ihrem berühmten, 116 Meter hohen Münsterturm und der pittoresken Altstadt. Rechts die Ausläufer des 1284 Meter hohen Schauinslands.

Set against the backdrop of the southern Black Forest hills is the city of Freiburg with its famous, 116-metre Minster spire and its picturesque Altstadt. On the right the foothills of the 1,284-metre Schauinsland.

La ville de Fribourg avec le célèbre clocher de sa cathédrale haute de 116 mètres et sa pittoresque vieille ville, s'étend au pied des collines du sud de la Forêt-Noire. A droite, les contreforts du «Schauinsland», qui culmine à 1284 mètres.

Vorangehende Doppelseite: Am Rande der Kaiserstuhler Weinberge liegt die kleine St. Pantaleon-Wallfahrtskirche nahe Niederrotweil. Hier finden alljährlich vielbesuchte Wallfahrten statt.

Previous double page: At the edge of the Kaiserstuhl vineyards not far from Niederrotweil stands the small church of St Pantaleon, the site of a popular annual pilgrimage.

Double page antérieure: En bordure des vignobles du Kaiserstuhl, aux proches environs de Niederrotweil, se trouve la petite église St-Pantaleon. Des pèlerinages y ont lieu chaque année, y attirant de nombreux visiteurs.

In Rust, einem Dorf der Ebene, hat sich der Europa-Park, ein Freizeitpark, zu einem Anziehungspunkt erster Güte entwickelt. In den Schwarzwald hinein führt das Glottertal, berühmt geworden durch die Fernsehserie „Schwarzwaldklinik“. Rechter Hand erhebt sich unvermittelt eine terrassenförmig angelegte Hügellandschaft: der Kaiserstuhl. Da hier die höchsten Temperaturen in Deutschland gemessen werden, gedeihen die Trauben vorzüglich und ergeben einen guten bis hervorragenden Wein. In der alten Festungsstadt Breisach am Rhein ist die Zentralkellerei der badischen Winzergenossenschaften angesiedelt.
Breisach hat dieser Landschaft ihren Namen gegeben: der Breisgau. Das Herzstück dieser Gegend ist jedoch eindeutig Freiburg, eine pulsierende Großstadt, die vor allem Jugendliche und junge Familien anzieht. Ihr Wahrzeichen ist der 116 Meter hohe Westturm des Münsters. Der Historiker Jacob Burckhardt hat ihn vollmundig „den schönsten Turm der Christenheit“ genannt. Seit 1821 ist das Münster die Domkirche des Erzbischofs von Freiburg, der für ganz Baden zuständig ist. 1457 stiftete Erzherzog Albrecht eine Universität, die alle Fakultäten umfasst.
Durch das Höllental gelangt man auf Schwarzwaldhöhen wie den Schauinsland

name for itself as the setting for the popular TV series the Black Forest Clinic. On the right a mountainous plateau, the Kaiserstuhl, towers unexpectedly. As Germany's highest temperatures are recorded there, the grapes flourish on the vine and make a superb wine. Nearby Breisach, an old citadel town on the Rhine, is the home of the Baden wine-growing cooperatives' central wine production facility.
Breisach has given its name to the region, the Breisgau, but the region's focal point is clearly Freiburg, a pulsating city that especially attracts young people and young families. Its most famous landmark is the bold, 116 metre tall west tower of Freiburg Minster with its open helm roof. The historian Jacob Burckhardt grandly called it the "finest tower in Christendom." The minster has since 1821 been the cathedral church of the archbishop of Freiburg, whose archdiocese covers the whole of Baden. In 1457, Archduke Albrecht endowed the university, which offers teaching and research in a full range of academic faculties.

A Rust, un village de la plaine, le parc d'attractions Europa-Park a conquis le public. La vallée du Glottertal – rendue célèbre par le feuilleton télévisé «La clinique de la Forêt-Noire» pénètre dans la Forêt-Noire. A main droite s'élève brusquement une région de collines en forme de terrasses: le Kaiserstuhl. C'est ici qu'on relève les plus hautes températures d'Allemagne, donc la vigne pousse très bien et donne un vin supérieur. La cave centrale de la coopérative vinicole du Land de Bade est installée dans la vieille ville-forteresse de Breisach sur le Rhin.
Breisach a donné son nom à la contrée: le Brisgau. La pièce maîtresse de cette région est cependant sans conteste Fribourg, une grande ville trépidante qui attire avant tout les jeunes et les jeunes familles. Son emblème est l'audacieuse tour ouest de sa cathédrale, de 116 mètres de hauteur, avec sa flèche en dentelle de pierre. L'historien Jacob Burckhardt n'a pas hésité à la qualifier de «plus belle tour de la chrétienté». Depuis 1821, sa cathédrale a accueilli l'archevêque de Fribourg, qui est responsable pour tout le Land de Bade. L'université regroupant toutes les facultés a été fondée par l'archiduc Albrecht en 1457.
On parvient par la vallée du Höllental aux hauteurs de la Forêt-Noire comme le Schauinsland ou le Feldberg, qui, avec ses 1493 mètres d'altitude, est le plus haut sommet du Bade-Wurtemberg. Suivant cette liaison est-ouest,

Von der Ortenau über den Schwarzwald ins Markgräfler Land

From the Ortenau via the Black Forest to the Markgräfler Land

De l'Ortenau au Markgräfler Land, en passant par la Forêt-Noire

Südlich von Freiburg erstreckt sich zwischen Oberrhein und südlichem Schwarzwald eine der wärmsten und landschaftlich schönsten Regionen Deutschlands: der Breisgau.

South of Freiburg between the Upper Rhine and the southern Black Forest is one of Germany's warmest and most scenically beautiful regions, the Breisgau.

Au sud de Fribourg, entre le Rhin supérieur et le sud de la Forêt-Noire, s'étend l'une des régions les plus chaudes et les plus belles d'Allemagne quant au paysage: le Brisgau.

oder den Feldberg, mit 1493 Metern der höchste Berg in Baden-Württemberg. Auf dem Weg nach Titisee-Neustadt sieht man immer wieder Schwarzwaldhöfe mit ihren gewaltigen Walmdächern und erreicht so eindrucksvolle Barockklöster wie St. Peter und St. Märgen. Der Hochschwarzwald ist eine großzügig modellierte Gegend, in der es im Mai zum letzten Mal schneit und im September bereits wieder.
Der Weg nach Süden führt durch das weingesegnete Markgräfler Land, wo der Isteiner Klotz Schienen und Autobahn nahe an den Strom drängt. Der Schwarzwald wölbt sich im Belchen noch einmal beachtlich auf, in der Vorbergzone duckt sich das Städtchen Staufen in eine Mulde. Hier ist wohl im Gasthaus „Zum Löwen" der vielbeschriene Dr. Faustus, der wie andere Alchimisten dem Geheimnis des Goldmachens auf der Spur war, bei einem Experiment ums Leben gekommen.
Das nächste Ziel ist Basel, eine eindeutig Schweizer Stadt am Rheinknie, in der der Badische Bahnhof das deutsche Schienennetz am Oberrhein und Hochrhein verknüpft. Die Städte Weil und Lörrach sind mit ihrer Industrie – meist Metallbearbeitung – ein Teil des Großraums Basel.

The Höllental then takes you to the heights of the Black Forest and peaks such as Schauinsland or Feldberg, which at 1,493 metres is the highest in Baden-Württemberg. This east-west route continues to Titisee-Neustadt, constantly passing Black Forest farmhouses with their massive hipped roofs and such impressive Baroque monasteries as St Peter and St Märgen. The Hochschwarzwald is a generously proportioned area where it snows as late as in May and starts snowing again in September. The road south passes through the Markgräfler Land wine-growing district, where the Isteiner Klotz makes the Rhine Valley narrower, pushing roads and railway lines close to the river. At Belchen the Black Forest rises impressively once more, with the small town of Staufen nestling in a hollow. This is where, at the Lion Inn, Dr Faustus died in an experiment while he, like other alchemists, was engaged in a quest to discover the secret of how to make gold. The next destination is Basle, clearly a Swiss city on a bend in the Rhine, where the Badischer Bahnhof, or Baden Station, links the German railway network with routes further upstream in the Oberrhein and Hochrhein regions. The towns of Weil and Lörrach with their industries, which include textiles, form part of the Basle area.

on arrive à Titisee-Neustadt en passant souvent devant des fermes typiques de la Forêt-Noire, avec leurs immenses toits en croupe, et à proximité de cloîtres impressionnants de style baroque tels ceux de St-Peter et de St-Märgen. Les hauteurs de la Forêt-Noire sont une région au modelé généreux, sur laquelle il neige jusqu'en mai et reneige dès septembre. La route du sud traverse le Markgräfler Land, riche en vignobles, où le Isteiner Klotz repousse les rails et l'autoroute vers le fleuve. La Forêt-Noire s'élève une dernière fois considérablement à Belchen, et la petite ville de Staufen se tapit dans une cuvette de la zone des contreforts. Le très controversé Dr Faustus (dont Goethe s'est inspiré plus tard pour son roman «Faust») y aurait trouvé la mort dans l'auberge «Zum Löwen» lors d'une expérimentation, alors qu'il cherchait à percer le secret de la fabrication de l'or comme tous les autres alchimistes. La prochaine étape est Bâle, une ville manifestement suisse dans le coude du Rhin, dont la gare Badischer Bahnhof voit converger le réseau ferroviaire allemand dans la région du Rhin supérieur et du Haut-Rhin. Les villes de Weil et de Lörrach font partie de l'agglomération de Bâle avec leurs industries, dont la fabrication de textiles.

Das malerische Münstertal erstreckt sich von Staufen im Breisgau bis hinauf in den Schwarzwald. Im oberen Bereich teilt es sich in mehrere Täler, die in Richtung Belchen, dem Freiburger Hausberg Schauinsland und dem Kurort Badenweiler reichen.

The picturesque Münster Valley stretches from Staufen in the Breisgau right up into the Black Forest. In the upper reaches it divides into several valleys that extend towards Belchen, to Freiburg's local peak the Schauinsland, and the spa town of Badenweiler.

La pittoresque vallée de la Münster s'étire de Staufen en Brisgau jusque sur les hauteurs de la Forêt-Noire. En sa partie supérieure, elle se scinde en plusieurs autres vallées bifurquant en direction de Belchen, de la montagne de Fribourg, «Schauinsland» et de la station thermale de Badenweiler.

Das „Hüsli" in Rothaus bei Grafenhausen ist ein kunsthistorisches Kleinod. Das 1912 erbaute Haus beherbergt heute eine wertvolle Sammlung Schwarzwälder Volkskunst und erlangte als Drehort der TV-Serie „Schwarzwaldklinik" internationale Berühmtheit.

The "Hüsli" (little house) in Rothaus near Grafenhausen is a jewel of art history. Built in 1912, it now houses a valuable collection of Black Forest folk art. It won international fame as the filming location for the German TV series Schwarzwaldklinik (Black Forest Clinic).

La «Hüsli» à Rothaus près de Grafenhausen, est un véritable joyau en matière d'histoire de l'art. Cette maison construite en 1912 abrite aujourd'hui une collection de grande valeur relative à l'art populaire de la Forêt-Noire et est devenue célèbre au niveau international pour avoir été le lieu de tournage du feuilleton télévisé «Schwarzwaldklinik» (La clinique de la Forêt-Noire).

Viele verbringen ihren Urlaub am Schluchsee im südlichen Schwarzwald: Wandern, Wassersport, erholsames Klima und eine gute Küche gehören dazu.

Schluchsee, in the southern Black Forest, attracts many holidaymakers. Walking, water sports, a refreshing climate and good food are all part of the attraction.

Nombreux sont ceux qui passent leurs vacances au bord du Schluchsee, dans le sud de la Forêt-Noire, région qui leur propose randonnées, sports nautiques, un climat reposant et une succulente cuisine.

Alpenblick: Wenn der Föhnwind von Süden weht, bietet sich von der schönsten Erhebung des Südschwarzwalds eine atemberaubende Aussicht über das südliche Oberrheintal bis zu den Gipfeln der westlichen Alpen. Der Feldberg ist aufgrund seiner markanten kahlen Kuppe von weitem sichtbar und gut zu erkennen. Aus Naturschutzgründen ist die Fahrt mit dem Auto hinauf zum Gipfel nicht mehr möglich. Eine Seilbahn sorgt jedoch für einen raschen und bequemen Transport.

A view of the Alps: When the hot, dry foehn wind blows from the south, there is a breathtaking view from the loveliest summit in the southern Black Forest across the southern Upper Rhine Valley as far as the peaks of the western Alps. The Feldberg has a distinctive bare summit that makes it easy to identify and see from afar. To protect the landscape, visitors are no longer allowed to drive to the top by car. Instead, a cable railway ensures a speedy, comfortable ascent.

Vue sur les Alpes: lorsque du sud souffle le foehn, le plus beau sommet de la Forêt-Noire du sud offre un panorama vertigineux s'étendant de la vallée sud du Rhin supérieur jusqu'aux sommets des Alpes occidentales. Le Feldberg est visible de loin et facilement reconnaissable grâce à son sommet chauve très caractéristique. Pour protéger la nature, l'accès au sommet en voiture a été interdit. Une télécabine assure un transport rapide et confortable.

Der Rhein – der hier der Grenzfluss zwischen Deutschland und der Schweiz ist – hat sich durch die südlichen Ausläufer des Schwarzwalds in vielen Windungen sein Bett gegraben. Rechts im Bild Rheinfelden mit dem 1897 errichteten ersten Flusskraftwerk (Bildmitte). Dahinter – am Ende der Rheinschleife – Bad Säckingen. In der Ferne die schneebedeckten Gipfel der Schweizer Berge.

The Rhine, which here forms the border between Germany and Switzerland, has carved out a serpentine bed through the southern foothills of the Black Forest. To the right of the picture is Rheinfelden, site of the first hydraulic power station, built in 1897 (centre). Behind it at the end of the bend in the Rhine is Bad Säckingen. In the distance are the snow-capped peaks of the Swiss mountains.

Le Rhin – qui forme ici la frontière entre l'Allemagne et la Suisse – a creusé son lit en sinuant à travers les contreforts sud de la Forêt-Noire. A droite, Rheinfelden avec la centrale hydroélectrique fluviale (au centre de l'image) construite en 1897, la première de ce genre à avoir existé à l'époque. Derrière – à l'extrémité de la boucle du Rhin – Bad Säckingen. A l'horizon, les sommets enneigés des montagnes helvétiques.

Hochrhein, Hotzenwald und Baar

Den südlichen Rand des Schwarzwalds markiert der Hochrhein, dessen Kraft und Gefälle bei Rheinfelden, Bad Säckingen, Laufenburg und Waldshut für die Stromgewinnung genutzt wird. Der Hotzenwald, eine touristisch erst spät erschlossene Ecke des Schwarzwalds, fällt zum Hochrhein hin flach ab. In der Nähe des Schluchsees wartet St. Blasien mit einem Kleinod auf: die Kuppel des „Doms" ist die drittgrößte der Welt.

Um in Baden zu bleiben, müssen wir auf dem Weg zum Bodensee den Schweizer Kanton Schaffhausen umfahren. Dabei gelangt man durch das Wutachtal und über den Randen auf die Hochfläche der Baar mit der Doppelstadt Villingen-Schwenningen, die für ihre Elektro- und Uhrenindustrie und ihren Maschinenbau bekannt ist. Die Villinger Altstadt zeigt deutlich als Grundmuster das sogenannte Zähringer Kreuz. In der Fastnachtzeit tummeln sich hier die traditionellen Narrengestalten. Zwischen dem Schwarzwald, der aus den Grundgesteinen Gneis und Granit besteht, und dem Juragebirge der Schwäbischen Alb bildet die Muschelkalkfläche der Baar eine hochgelegene Ebene, durch die die hier noch junge Donau fließt. Bei Immendingen versickert ihr Wasser weitgehend und fließt durch eines der größten Wasserhöhlensysteme der Erde. Das Wasser der Donau speist auch den rund zwölf Kilometer weiter

Hochrhein, Hotzenwald and Baar

The Hochrhein, which at Rheinfelden, Bad Säckingen, Laufenburg and Waldshut has its current and waterfall harnessed to generate hydroelectric power, marks the Black Forest's southern perimeter. In St Blasien the downward slope of the mountains toward the river, the Hotzenwald, which is now a popular tourist area, features in the Dom an unexpected jewel: the world's third-largest dome-shaped roof.

Staying in Baden, on the way to Lake Constance the route rounds the Swiss canton of Schaffhausen, crossing the Wutach valley up into the Baar plateau and the twin city of Villingen-Schwenningen with its electrical and mechanical engineering and watch- and clockmaking industries. The Altstadt of Villingen clearly resembles the so-called Zähringen Cross in shape. It is here that the traditional jesters can be admired during the Fastnacht period. Between the Black Forest, which basically consists of gneiss and granite, and the Jurassic mountains of the Swabian Alb, the muschelkalk of the Baar plateau is the home of the water of the young Danube. Near

Le Haut-Rhin, la forêt d'Hotzenwald et la Baar

Le Haut-Rhin marque la limite sud de la Forêt-Noire, et prête sa force et sa déclivité à la production d'électricité près de Rheinfelden, Bad Säckingen, Laufenburg et Waldshut. La forêt d'Hotzenwald, région de la Forêt-Noire mise en valeur tardivement au plan touristique s'incline doucement vers le fleuve et renferme le joyau de St-Blasien avec sa «cathédrale» caractéristique du classicisme, la troisième construction à coupole du monde par sa taille.

Pour rester dans le pays de Bade en allant en direction du lac de Constance, il faut contourner le canton suisse de Schaffhouse. Le plus simple est de passer par la vallée de Wutachtal et le mont Randen pour atteindre le haut plateau de Baar avec les villes fusionnées de Villingen et Schwenningen, tirant leurs ressources de l'industrie électrique, horlogère et de constructions mécaniques. Le plan de la vieille ville de Villingen montre bien le motif de ce qu'on appelle la croix de la dynastie des Zähringen. Pendant le carnaval, on y admire les personnages traditionnels de bouffons. Entre la Forêt-Noire qui consiste principalement en gneiss et granit d'une part et le Jura souabe d'autre part, le plateau de Baar en calcaire coquillier forme une plaine surélevée, dans laquelle coule le jeune Danube. Près d'Immendingen, ses eaux s'infiltrent presque complètement dans le sol et coulent à travers un des plus grands ensembles de grottes souterraines de la terre. Ces eaux du Danube alimentent aussi la cuvette de l'Aach à 12 kilomètres plus au sud. De cette résurgence la

Wie Perlen auf einer Schnur reiht sich am Hochrhein ein idyllisches Städtchen an das andere. Eines davon ist Laufenburg, das auf der Schweizer Seite – links oben – eine Schwester gleichen Namens besitzt. Von den „Laufen", den früher hier existierenden Stromschnellen, stammt die Bezeichnung des malerischen Ortes mit seinen ansehnlichen Bürgerhäusern. Johann Wolfgang von Goethe hat diese Wasserläufe bei seinem Besuch im Jahr 1797 sehr bewundert.

Along the upper reaches of the Rhine one idyllic town follows another like a string of pearls. One of these is Laufenburg, which has a sister town of the same name on the Swiss side of the border (top left). The picturesque town with its handsome houses takes its name from the "Laufen," the river rapids which once existed here. Johann Wolfgang von Goethe was much taken by them during his visit here in 1797.

Laufenburg sur le Rhin supérieur. Telles les perles d'un collier, de petites villes d'aspect idyllique s'alignent les unes au bout des autres, le long du Rhin supérieur. L'une d'entre elles est Laufenburg dont la sœur, du même nom, se trouve sur la rive suisse, en haut, à gauche. C'est à ses rapides, les «Laufen», qui existaient jadis à cet endroit, que cette pittoresque localité aux maisons bourgeoises cossues, doit son nom. Ces cataractes firent l'admiration de Johann Wolfgang von Goethe lorsqu'il s'y rendit, en 1797.

südlich gelegenen Aachtopf. Dieser größten Quelle Deutschlands entspringt die Aach, die schon nach wenigen Kilometern in den Bodensee fließt. Über der Industriestadt Singen erhebt sich schroff ein Basaltkegel mit einer Festungsruine: der Hohentwiel. Ihn und die anderen Basaltberge im Hegau nannte man das „Kegelspiel unseres Herrgotts".

Immendingen its water largely seeps away and flows through one of the world's largest systems of underground caves. The water of the Danube also feeds the Aachtopf, roughly 12 kilometres further south. This largest system of spring waters in Germany also feeds the Aach, which flows into Lake Constance just a few kilometres away.
A cone of basalt, the Hohentwiel, with a ruined fortress perches on top, towers over the industrial town of Singen. It and the other basalt peaks in the Hegau have in their time been dubbed "the Lord's skittles."

plus grande d'Allemagne jaillit l'Aach qui se jette quelques kilomètres plus loin dans le lac de Constance. Au-dessus de la ville industrielle de Singen s'élève abruptement un mont en forme de cône en basalte que surmontent les ruines d'une forteresse: le Hohentwiel. «Le jeu de quilles du Seigneur» est une expression qui désigne l'ensemble des monts en basalte dans le Hegau dont fait partie le Hohentwiel.

Der mittelalterliche Stadtkern von Villingen, eine der Hochburgen der schwäbisch-alemannischen Fastnacht, ist ebenso wie das frühgotische Münster aus dem 13. bis 16. Jahrhundert gut erhalten.

The mediaeval centre of Villingen, a stronghold of Swabian Alemannic Fastnacht, is very well preserved, as is its early Gothic minster, built between the thirteenth and sixteenth centuries.

Le noyau urbain médiéval de Villingen, l'un des hauts lieux du Carnaval souabe-alemanique, tout comme la cathédrale du gothique flamboyant, élevée du XIIIe au XVIe siècle, ont été bien conservés.

Ein Meisterwerk des Frühklassizismus steht im heilklimatischen Luftkurort St. Blasien im Südschwarzwald. Das 858 erstmals erwähnte Benediktinerkloster wurde in seiner heutigen, dem Pantheon in Rom nachempfundenen Form 1783 eingeweiht. Die Abteikirche misst 62 Meter in der Höhe, mit einer Spannweite von 36 Metern gehört ihre Kuppel zu den größten in Europa.

The climatic health resort of St Blasien in the southern Black Forest boasts a masterpiece of early classicism. In its present form, inspired by the Pantheon in Rome, the Benedictine monastery was inaugurated in 1783, but the first recorded mention of its existence goes back to 858. The abbey church is 62 metres tall and at 36 metres in diameter its dome is one of the largest in Europe.

Un chef-d'œuvre du début du classicisme peut être admiré dans la station climatique de St. Blasien, dans le sud de la Forêt-Noire. Inspirée du Panthéon, à Rome, l'abbaye bénédictine, documentée pour la première fois en 858, fut inaugurée en 1783. L'église abbatiale mesure 62 mètres de haut. D'une portée de 36 mètres, son dôme fait partie des plus grands en Europe.

Die Blumeninsel Mainau liegt im nordwestlichen Teil des Bodensees und ist im Besitz der Adelsfamilie Bernadotte. Das milde Seeklima lässt auf der Insel eine unvergleichliche Pflanzen- und Blütenpracht gedeihen.

Mainau, the Island of Flowers, lies in the north-western part of Lake Constance. Its owner is the aristocratic Bernadotte family. The mild maritime climate allows an incomparable wealth of plants and flowers.

L'île aux fleurs de Mainau est située dans la partie nord-ouest du lac de Constance et est propriété privée de la famille du comte Bernadotte. Le doux climat du lac fait naître ici une profusion inégalable de plantes et de fleurs.

Folgende Doppelseite: Mit seinen 536 Quadratkilometern gehört der Bodensee zu den größten Gewässern Mitteleuropas. Rechts der Zeller See mit der Insel Reichenau, links der Überlinger See.

Next double page: Lake Constance, 536 square kilometres, is one of the largest bodies of water in Central Europe. On the right you can see the Zeller See and the island of Reichenau, on the left the Überlinger See.

Double page suivante: Le lac de Constance, d'une surface de 536 kilomètres carrés, fait partie des plus grandes étendues d'eau d' Europe moyenne. Sur notre photo, l'on voit le Zeller See avec l'île de Reichenau (à droite) et le «Überlinger See» (à gauche).

Der Bodensee, das „Schwäbische Meer"

Das „Schwäbische Meer", wie der Bodensee seit alters heißt, übt einen unglaublichen Reiz auf die Menschen aus, die dort wohnen und arbeiten oder sich erholen wollen: beim Schwimmen, Segeln, Tauchen, beim Wandern oder Radfahren. Der Bodensee ist mit gut 540 Quadratkilometern der größte deutsche See und durch die Anrainer Baden-Württemberg, Bayern, Österreich und die Schweiz ein internationales Gewässer. Im Überlinger See liegt die Garteninsel Mainau der gräflichen Familie Bernadotte mit ihrer südländischen Vegetation, im Untersee die Gemüseinsel Reichenau, deren romanische Kirchen und Klosterbauten von einer kulturellen Blüte zur Zeit der Karolinger zeugen. Ganz in der Nähe lohnt Konstanz mit seiner jungen Universität und einer beeindruckenden Altstadt einen Besuch. In dem wuchtigen Konzilsgebäude am Hafen trafen sich von 1414 bis 1418 Würdenträger der katholischen Kirche, um dem Dilemma zweier gewählter Päpste ein Ende zu bereiten. Auf der anderen Seeseite erkennt man die Wallfahrtskirche Birnau, erbaut von den mächtigen Reichsäbten des Zisterzienserklosters Salem. Deren Rechtsnachfolger sind die früheren Großherzöge von Baden, die sich heute Markgrafen nennen. Ebenfalls am anderen Seeufer liegt Meersburg, wo sich die Fürstbischöfe von Konstanz zur Barockzeit einen neuen repräsentativen Sitz geschaffen haben.

Lake Constance – the "Swabian Sea"

The Swabian Sea, as Lake Constance has long been known, exerts an incredible attraction on the people who live and work nearby it or seek recreation in or around it by swimming, sailing, diving, hiking or biking. Lake Constance, which covers a surface area of well over 540 square kilometres, is Germany's largest lake – and an international waterway shared by its riparian neighbours Baden-Württemberg, Bavaria, Austria and Switzerland. In the adjoining Überlinger See lies the noble family Bernadotte's garden island of Mainau with its Mediterranean vegetation. In the Untersee lies the vegetable island of Reichenau with its Romanesque churches and monastery buildings that testify to a cultural heyday in the Carolingian era. Nearby is the city of Constance with its young university and impressive Altstadt. Catholic Church dignitaries met from 1414 to 1418 in the massive Council Building down by the harbour to end the dilemma of a Church with two elected Popes. From there you can see on the other side of the lake the pilgrimage church of Birnau, built by the powerful imperial abbots of the Cister-

Le lac de Constance ou «la mer de Souabe»

Le lac de Constance nommé depuis toujours «la mer de Souabe» exerce un attrait incroyable sur les gens qui vivent là, y travaillent ou veulent s'y détendre: en nageant, en faisant de la voile ou de la plongée, des randonnées ou du vélo. Le lac de Constance est le plus grand lac allemand de par sa superficie de 540 kilomètres carrés et un plan d'eau international de par ses riverains: le Bade-Wurtemberg, la Bavière, l'Autriche et la Suisse. Dans le lac d'Überlingen se trouve l'île-jardin Mainau de la famille aristocratique Bernadotte avec sa végétation du sud de l'Europe, dans celui d'Untersee l'île aux légumes Reichenau dont les églises et cloîtres de style roman sont les témoins d'une apogée culturelle sous les Carolingiens. Tout près est située la ville de Constance avec sa jeune université et son vieux centre impressionnant. Dans l'imposant bâtiment du Concile près du port se rencontrèrent entre 1414 et 1418 les dignitaires de l'Eglise catholique, pour mettre fin au dilemme posé par l'élection de deux papes. Sur l'autre rive du lac, on reconnaît les contours de l'église de pèlerinage de Birnau construite par les puissants abbés impériaux du couvent des cisterciens de Salem. Leurs ayants cause furent les anciens grands-ducs de Bade, qui se nomment aujourd'hui margraves. Mais on discerne aussi Meersburg, où les princes-évêques de Constance à l'époque du baroque ont fondé un nouveau siège représentatif.

Folgende Doppelseite: Die mit dem gleichnamigen Kloster, der romanischen Säulenbasilika St. Peter und Paul sowie der spätkarolingischen Georgskirche zum Weltkulturerbe ernannte Bodenseeinsel Reichenau blickt auf eine über 1300-jährige Siedlungsgeschichte zurück. Damals verbreiteten kunstsinnige und gelehrte Mönche den Ruf der Insel im ganzen Abendland.

Next double page: The island of Reichenau in Lake Constance, with its monastery of the same name, the Romanesque pillared basilica of St Peter and St Paul and the late Carolingian Georgskirche, is a UNESCO World Heritage site. It looks back on more than 1,300 years of human settlement. In the early days, learned monks with a feeling for art spread the island's reputation throughout the western world.

Page double suivante: L'île de Reichenau, dans le lac de Constance, avec son monastère du même nom, sa basilique à colonnes romane St. Peter und Paul ainsi que l'église St. Georg de la fin de la période carolingienne, a été inscrite au patrimoine mondial de l'UNESCO. L'histoire de sa colonisation par l'homme remonte à plus de 1300 ans. A cette époque, des moines érudits et amateurs d'art propagèrent la renommée de l'île dans tout l'Occident.

Einen Hauch von mediterraner Atmosphäre besitzt jeder schöne Sommertag am Bodensee, vor allem, wenn man ihn in Meersburg verbringt. Der terrassenförmige Aufbau mit vielen Stufen, die von der Unterstadt zur Oberstadt führen, sowie die malerischen Winkel und Fachwerkhäuser prägen den Charakter dieses Ortes. In der Bildmitte das von 1710 bis 1712 erbaute Neue Schloss.

Fine summer days on Lake Constance have a Mediterranean air about them, especially when spent in Meersburg. The town's special character is defined by its terraced layout, with the many flights of steps from the lower to the upper town, by picturesque nooks and corners and half-timbered houses. In the centre of the picture is the New Palace, built between 1710 and 1712.

Un soupçon d'atmosphère méditerranéenne plane sur les bords du Lac de Constance, par de belles journées d'été, en particulier lorsque l'on passe ces dernières à Meersburg. Son étagement en terrasses, les nombreux escaliers menant de la ville basse à la ville haute, les recoins pittoresques ainsi que les maisons à colombages donnent à la ville son caractère bien défini. Au centre de l'image, le Neues Schloss, érigé de 1710 à 1712.

Dort wo der Rhein sich eindrucksvoll sein Bett zwischen dem Bodensee und seinem Untersee gegraben hat, liegt Konstanz (oben links). Hier fand im Bischofsdom, dem heutigen Münster, am 11. November 1417 die einzige Papstwahl nördlich der Alpen statt.

Constance (top left) lies where the Rhine has impressively carved out a bed between Lake Constance and its lower lake. On 11 November 1417, the only papal election north of the Alps took place in the city's diocesan cathedral, now the Minster.

Là où le Rhin a creusé son lit de façon spectaculaire, entre le Lac de Constance et son «Untersee», s'étend la ville de Constance (en haut, à gauche). C'est ici, dans la cathédrale épiscopale, le «Münster» d'aujourd'hui, que, le 11 novembre 1417, eut lieu l'unique élection d'un pape au nord des Alpes.

Vor Langenargen liegt Schloss Montfort auf einer Landzunge. Der württembergische König Wilhelm I. erbaute im 19. Jahrhundert diese Burg im maurischen Stil.

Montfort Castle stands on a peninsula near Langenargen. King Wilhelm I of Württemberg built the castle in the Moorish style in the nineteenth century.

Le château de Montfort est situé sur une presqu'île devant Langenargen, près de Friedrichshafen. Guillaume Ier, roi du Wurtemberg, fit construire ce château fort au XIXème siècle dans le style mauresque.

Der Bodensee, das „Schwäbische Meer"

Viele schöne und historisch bedeutsame Städte und Flecken reihen sich am See entlang: so Radolfzell, die ehemalige Reichsstadt Überlingen, Unteruhldingen mit seinen nachgebauten bronzezeitlichen Pfahlhäusern, im Bodenseehinterland Stockach, Pfullendorf, Heiligenberg und Markdorf. Ebenso bemerkenswert wie gegensätzlich sind auch die Hopfenstadt Tettnang und die industrielle Seemetropole Friedrichshafen. Den Grundstein für die florierende Industrie hat Graf Ferdinand von Zeppelin um 1900 gelegt, der Erfinder des Luftschiffes, das heute wieder gebaut wird. Im früheren Hafenbahnhof informiert eine ausgezeichnete Ausstellung über die Entwicklung der Zeppeline.

Lake Constance – the "Swabian Sea"

cian monastery in Salem. Their legal successors are the former grand-dukes of Baden, who now style themselves margraves. You can also make out Meersburg, where the prince-bishops of Konstanz built themselves a new and representative palace in the Baroque era. Many beautiful and historically important towns and villages line the shores of the lake, such as Radolfzell and the former imperial city of Überlingen, Unteruhldingen with its imitation Bronze Age houses built on stilts, and in the hinterland of Lake Constance Stockach, Pfullendorf, Heiligenberg and Markdorf. No less noteworthy, and striking contrasts, are Tettnang with its hops and Friedrichshafen, an industrial metropolis by the lakeside that owes its industrial development in about 1900 to Ferdinand von Zeppelin, the inventor of the airship, which is being built again today. An unparalleled exhibition in the former harbour railway station building tells the tale.

Le lac de Constance ou «la mer de Souabe»

Le long du lac s'alignent nombre de jolis endroits et villes historiques, tels que: Radolfzell; l'ancienne ville impériale Überlingen; Unteruhldingen et ses maisons sur pilotis de l'ère du bronze reconstruites; dans l'arrière-pays du lac de Constance: Stockach, Pfullendorf, Heiligenberg et Markdorf. Tout aussi remarquables et pourtant opposées sont Tettnang, la ville du houblon, et Friedrichshafen, la ville industrielle la plus importante des bords du lac. Les fondements de son industrie ont été posés vers 1900 par le comte Ferdinand von Zeppelin, l'inventeur du dirigeable, qu'on reconstruit de nos jours. Une exposition inégalable dans l'ancienne gare du port informe sur l'évolution de cet aérostat.

Die Pfahlbauten am Bodenseeufer bei Unteruhldingen entwickelten sich als Museum zum Besuchermagnet. Die Nachbauten einer prähistorischen Siedlung sind im letzten Jahrhundert entstanden und vermitteln ein anschauliches Bild vom Leben am Bodensee vor über 3000 Jahren.

The buildings on piles on the shore of Lake Constance near Unteruhldingen were quick to attract visitors as a museum. Built last century to show how a prehistoric settlement looked, they convey a graphic idea of what life must have been like on Lake Constance over 3,000 years ago.

Les constructions sur pilotis près d'Unteruhldingen sur la rive du lac de Constance ont été transformées en musée qui attire nombre de visiteurs. Une reconstitution du village préhistorique a eu lieu au siècle dernier et donne une bonne impression de la vie sur les bords du lac de Constance il y a plus de 3000 ans.

Überlingen wurde 770 erstmals urkundlich erwähnt. Das Münster St. Nikolaus dominiert die Altstadt, es ist der größte spätgotische Bau am Bodensee.

The first recorded mention of Überlingen dates back to 770. Its Altstadt is dominated by the Minster of St Nicholas, the largest work of late Gothic architecture on Lake Constance.

Überlingen fut mentionné pour la première fois en l'an 770. La cathédrale St-Nicolas domine la vieille ville; c'est le plus grand édifice de style baroque tardif sur les rives du lac de Constance.

Schloss Wolfegg in Oberschwaben, noch heute Sitz der Fürsten zu Waldburg-Wolfegg, wurde in seiner äußeren Form um 1600 errichtet. Die Innenräume der mächtigen, regelmäßigen Vierflügelanlage mit den vorspringenden Ecktürmen wurden mehrfach dem jeweiligen Zeitgeschmack angepasst. Über ein Verbindungsgebäude kommt man vom Schloss direkt in die barocke Stiftskirche St. Katharina.

Wolfegg Palace in Upper Swabia is still the seat of the Princes of Waldburg-Wolfegg. Its external form dates back to around 1600. The interior of this mighty, regularly shaped, four-winged complex with its protruding corner towers has been altered several times to suit contemporary tastes. A connecting building links the palace directly to the baroque collegiate church of St Catherine.

Le château de Wolfegg en Haute-Souabe, aujourd'hui encore siège des princes de Waldburg-Wolfegg, fut érigé tel qu'il se présente extérieurement aux environs de 1600. Les intérieurs de cet ensemble imposant, aux quatre ailes régulières et aux tours d'angle faisant saillie furent remaniés à plusieurs reprises selon le goût du moment. On accède directement du château à la collégiale Ste-Catherine, de style baroque, en traversant le bâtiment qui les relie.

Oberschwaben und seine Barockstraße

Die Region Oberschwaben erstreckt sich vom Bodensee bei Friedrichshafen bis zur Münsterstadt Ulm an der Donau. Sanfte Hügellandschaften prägen ebenso ihr Bild wie barocke Kulturdenkmäler. Auffallend viele architektonisch bemerkenswerte Klöster wie Weißenau, Weingarten, Rot an der Rot, Ochsenhausen oder Schussenried liegen am Weg. Die Äbte von Schussenried ließen von Dominikus Zimmermann in Steinhausen eine Wallfahrtskirche errichten, die den Ehrennamen „schönste Dorfkirche der Welt" trägt. Aber auch die Schlösser des Adels können sich sehen lassen, so etwa die der Fürsten Waldburg in Zeil und Wolfegg. Der Nachfahre der württembergischen Könige, Herzog Carl und seine Familie, bewohnen Schloss Altshausen, das die Deutschordensritter ausbauten, während seine Hofkammer, die Holding, die seine wirtschaftlichen Interessen vertritt, im Schloss Friedrichshafen residiert.

In Oberschwaben gibt es zahlreiche städtische Zentren wie Wangen im Allgäu – hier hat das Land einen kleinen Anteil am Voralpengebiet –, Leutkirch, die Welfengründung Ravensburg mit seiner starken Industrie, die Nachbarstadt Weingarten, Bad Waldsee, Bad Saulgau und Biberach.

Upper Swabia and its Baroque Route

Upper Swabia extends from Lake Constance near Friedrichshafen to the minster city of Ulm on the Danube. Gentle hills and Baroque cultural monuments alike characterise the region. This is a landscape that a strikingly large number of superb abbey buildings in Weissenau, Weingarten, Rot an der Rot, Ochsenhausen and Schussenried helped to shape. The latter's abbots commissioned from Dominikus Zimmermann a pilgrimage church in Steinhausen that has been called "the world's most beautiful village church." The nobility sought to compete with the clergy by building castles to match. They included the palaces built by the Waldburg princes in Zeil and Wolfegg. Duke Carl and his family, the descendants of the kings of Württemberg, live in Schloss Altshausen, which was at one point enlarged by the knights of the Teutonic Order, while the holding company that looks after his business interests is based in Schloss Friedrichshafen.

Oberschwaben boasts numerous urban centres such as Wangen in the Allgäu region, where Baden-Württemberg can lay claim to a corner of the foothills of the Alps, Leutkirch, Ravensburg, an industrial city founded by the Guelphs, neighbouring Weingarten, also an industrial centre, Bad Waldsee, Bad Saulgau and Biberach, some of which are former free imperial cities.

One of them, powerful in its day, was Ulm. In about 1500, Ulm money was said to rule the world. From 1377, above all, the wealthy mer-

La Haute-Souabe et sa Route du Baroque

La région de la Haute-Souabe s'étend de Friedrichshafen au bord du lac de Constance jusqu'à la ville d'Ulm sur le Danube avec sa cathédrale. Cette région est caractérisée par un paysage de collines douces, tout comme par des monuments culturels de style baroque. Comme le prouvent par exemple les nombreux couvents à l'architecture remarquable: Weißenau, Weingarten, Rot an der Rot, Ochsenhausen ou Schussenried. Leurs abbés firent construire à Steinhausen par Dominikus Zimmermann une église de pèlerinage, qui porte le nom honorifique de «plus belle église de village du monde». Les nobles et leurs châteaux leur font concurrence, tels les princes Waldburg à Zeil et Wolfegg. Le descendant des rois wurtembergeois, le duc Carl, et sa famille vivent dans le château Altshausen, que les chevaliers de l'Ordre Teutonique ont aménagé, tandis que leur «Hofkammer», la holding de leurs intérêts économiques, réside au château de Friedrichshafen.

Die Basilika St. Martin ist nicht nur das Wahrzeichen von Weingarten, sie gilt auch als größte Barockkirche nördlich der Alpen. Die sie umgebenden, mächtigen Klostergebäude werden von der Pädagogischen Hochschule und der Akademie der Diözese Rottenburg-Stuttgart genutzt.

St Martin's Basilica is not only the emblem of Weingarten, but is also regarded as the largest baroque church north of the Alps. The mighty monastery buildings that surround it are used by the Teacher Training College and the Academy of the Diocese of Rottenburg-Stuttgart.

La basilique St-Martin n'est pas seulement l'emblème de Weingarten, elle passe également pour être la plus grande des églises baroques au nord des Alpes. Les bâtiments conventuels d'imposantes dimensions qui l'entourent, sont utilisés par la Pädagogische Hochschule et l'Académie du diocèse de Rottenburg-Stuttgart.

Die ehemalige freie Reichsstadt Ravensburg, im Schussental gelegen, wurde 1088 erstmals erwähnt. Die historische Altstadt ist noch in weiten Teilen erhalten. In der Bildmitte der Marienplatz mit dem Rathaus (rotes Gebäude), dem Waaghaus (Münz- und Kaufhalle) und dem Blaserturm. Der 1425 erbaute Rundturm (rechts) trägt den Namen „Mehlsack" und ist das weithin sichtbare Wahrzeichen der Stadt.

Ravensburg in the Schussen Valley was once a free city within the Empire. Its first recorded mention dates back to 1088. Large parts of its historic Altstadt have survived intact. In the centre of the picture is Marienplatz with the Town Hall (red building), the Waaghaus (a money-changers' hall and shop), and the Blaserturm tower. The round tower at the top right (1425) is known as the "Mehlsack" (flour sack) and is a widely visible emblem of the city.

L'ancienne ville libre d'empire de Ravensburg, située dans la vallée de la Schussen, est documentée pour la première fois en 1088. La vieille ville historique a été en majeure partie préservée. Au centre de la photographie, la Marienplatz avec l'hôtel de ville (bâtiment rouge), la Waaghaus (Poids public, halle de la Monnaie et du Commerce) ainsi que le Blaserturm. Visible de loin, la tour ronde (à droite), érigée en 1425 et surnommée «sac de farine», est l'emblème de la ville.

In Oberschwaben gibt es zahlreiche städtische Zentren wie Wangen im Allgäu – hier hat das Land einen kleinen Anteil am Voralpengebiet. Der Ort bewahrte sein traditionelles Stadtbild besonders treu.

Oberschwaben boasts numerous urban centres such as Wangen in the Allgäu region, where Baden-Württemberg can lay claim to a corner of the foothills of the Alps. This place has remained particularly true to its traditional townscape.

La Haute-Souabe abrite de nombreux centres urbains tels que Wangen im Allgäu – ici commencent les Préalpes. L'ancienne ville impériale a particulièrement bien conservé son image traditionelle.

Das Kloster Wiblingen liegt im Dreieck zwischen Iller und Donau südlich von Ulm. Die ehemalige Benediktinerabtei (1093–1803) beherbergt heute einige Abteilungen des Universitätsklinikums Ulm. Die Klosterkirche St. Martin (Mitte) sowie der berühmte Bibliothekssaal im Nordflügel aus der Mitte des 18. Jahrhunderts können im Rahmen von Führungen besichtigt werden.

Wiblingen Monastery lies in the triangle between the rivers Iller and Danube to the south of Ulm. The former Benedictine abbey, 1093–1803, now houses several departments of Ulm University Hospital. The monastery church of St Martin (centre) and the famous mid-eighteenth century library in the north wing are open to visitors on guided tours.

L'abbaye de Wiblingen est située dans le triangle formé par l'Iller et le Danube au sud d'Ulm. Cette ancienne abbaye bénédictine (1093–1803) abrite aujourd'hui plusieurs sections de la clinique universitaire d'Ulm. L'église abbatiale St-Martin (au centre) ainsi que la célèbre salle de la bibliothèque dans l'aile nord, qui date du milieu du XVIIIe siècle, sont accessibles au public dans le cadre de visites guidées.

Vergangenheit und Gegenwart sind in Ulm keine Gegensätze, historische Bauten und moderne Architektur ergeben zusammen ein interessantes Stadtbild. Direkt neben dem gotischen Münster mit dem höchsten Kirchturm der Welt (161 Meter) wurde 1993 das vom New Yorker Architekten Richard Meier entworfene Stadthaus Ulm eröffnet. Auch die gläserne Pyramide der 2004 errichteten Bibliothek fällt im Stadtbild auf.

In Ulm there is no clash between past and present. Historic buildings and modern architecture combine to form an interesting townscape. The Gothic Minster has the world's highest church tower (161 metres). In its immediate vicinity is Ulm City Hall, designed by the New York architect Richard Meier and opened in 1993. Another striking feature of the townscape is the glass pyramid of the library built in 2004.

A Ulm, passé et présent ne sont d'ailleurs nullement en opposition. Les bâtiments historiques et une architecture moderne s'y marient pour créer un ensemble intéressant. C'est juste à côté de la cathédrale gothique dont le clocher de 161 mètres est le plus haut du monde que fut inauguré en 1993 l'hôtel de ville conçu par l'architecte new-yorkais Richard Meier. La physionomie urbaine est également empreinte par la pyramide de verre de la bibliothèque construite en 2004.

Eine mächtige Reichsstadt war einst Ulm: Um 1500 ging der Spruch um: „Ulmer Geld regiert die Welt". Vor allem mit dem Geld der wohlhabenden Kaufleute und Patrizier wurde seit 1377 das gewaltige Münster errichtet, dessen Turm allerdings erst Ende des 19. Jahrhunderts zur Weltrekordhöhe von 161 Metern gebracht worden ist. Sehenswert sind auch Ulms historische Stadtquartiere wie das Fischer- und das Gerberviertel mit ihren engen verwinkelten Gassen sowie das Rathaus oder das Schwörhaus, die vom Stolz der freien Reichsstadt zeugen. Die Großstadt am Zusammenfluss von Donau und Iller, die Oberschwaben von Bayerisch-Schwaben trennt, ist traditioneller Herstellungsort für Busse und Lastkraftwagen und in jüngster Zeit Universitäts- und Wissenschaftsstadt.

chants' and patricians' money was spent on Ulm's enormous minster, although its tower was not raised to the world record height of 161 metres until the end of the nineteenth century. Other sights worth seeing are Ulm's historic city districts, such as the Fischerviertel and the Gerberviertel with their narrow, winding streets, the Rathaus and the Schwörhaus, which testify to the pride of the free imperial city. The city at the confluence of the Danube and the Iller, which marks the border between Oberschwaben and Bavarian Swabia, has traditionally manufactured buses and trucks. It has lately come into its own as a university city and centre of scientific research, too.

La Haute-Souabe abrite de nombreux centres urbains tels que Wangen im Allgäu – ici commencent les Préalpes – Leutkirch, Ravensburg fondée par les Guelfes avec son industrie fortement représentée ainsi que les villes voisines Weingarten, Bad Waldsee, Bad Saulgau et Biberach, dont certaines étaient des anciennes villes impériales.
Ulm était parmi elles l'une des plus puissantes: vers 1500 courait la devise «la monnaie d'Ulm gouverne le monde». Grâce principalement à l'argent des marchands et des bourgeois fortunés, son imposante cathédrale a pu être entreprise à partir de 1377, la tour n'ayant été achevée que vers la fin du XIXe siècle à une hauteur record de 161 mètres. Méritent également une visite le centre historique de la ville d'Ulm, ainsi que le quartier des pêcheurs et des tanneurs avec ses ruelles tortueuses, l'hôtel de ville ou la «Schwörhaus», la maison du serment, qui sont les fiers témoins de la ville libre d'Empire. Cette grande ville, à la jonction du Danube et de l'Iller, rivière marquant la limite entre la Haute-Souabe et la Souabe de Bavière, est traditionnellement la ville de la construction des camions, et est devenue plus récemment ville universitaire.

Im oberen Donautal liegt das Benediktinerkloster St. Martin zu Beuron. Seine Geschichte beginnt mit der Gründung eines Augustiner-Chorherrenstiftes 1077. Heute ist in dem gewaltigen Gebäudekomplex die größte Klosterbibliothek Deutschlands untergebracht. Beeindruckend ist auch die barocke Wallfahrtskirche mit ihren wertvollen Deckengemälden.

The Benedictine monastery of St Martin of Beuron is in the Upper Danube Valley. Its history began with the founding of a monastery of the Canons of St Augustine in 1077. This vast complex of buildings now houses Germany's largest monastery library. The baroque pilgrimage church with its fine ceiling frescos is also impressive.

L'abbaye bénédictine St-Martin, à Beuron, se situe dans la partie supérieure de la vallée du Danube. Son histoire commence avec la fondation, en 1077, d'un monastère de chanoines de l'ordre des Augustins. L'énorme complexe de bâtiments abrite à notre époque la plus grande bibliothèque conventuelle d'Allemagne. L'église de pèlerinage impressionne également par les précieuses fresques du plafond.

Donautal, Schwäbische Alb und Albvorland

Vor Ulm schwingt die schräg gestellte Gebirgsscholle der Schwäbischen Alb in weiten Wellen aus. Wendet man sich nach Südwesten und folgt dem Lauf der Donau in Richtung Quelle, so erreicht man über Riedlingen Sigmaringen, wo ein Schloss über dem Fluss den fürstlichen Anspruch der schwäbischen Hohenzollern betont. Rund 50 Kilometer entfernt erhebt sich dominant vor der Steilkante der Schwäbischen Alb fast 900 Meter hoch der namengebende Hohenzollern, dessen Burg im 19. Jahrhundert von dem Berliner Zweig des Geschlechts wieder auf- und ausgebaut worden ist. Hinter Sigmaringen hat sich in fernen erdgeschichtlichen Zeiten die Donau durch die Schichten des Juragebirges geschnitten und einen malerischen, felsenbekrönten Weg geschaffen. Das Kloster Beuron ist seit 1862 wieder von Mönchen bewohnt. Am Ende des Engtals liegt das geschäftige Tuttlingen, ein Zentrum medizintechnischer Produktion von der Nadel bis hin zu Endoskopen.
Von Ulm aus nach Nordosten erstrecken sich das wasserreiche Donauried und die Ostalb, eine karge, vielfach mit Wald bestandene Hochfläche. In den Höhlen des eher flachen Lonetals haben Wissenschaftler kleine Tierplastiken aus dem Elfenbein des Mammuts gefunden, mit ihren 30 000 Jahren die ältesten Kunstwerke der Menschheit. Schon nahe

Danube Valley, the Swabian Alb and the Alb foothills

To that side of Ulm the hilly soil of the Swabian Alb stretches out in wide, undulating waves. If you head south-west and follow the Danube upstream, you will pass through Riedlingen toward Sigmaringen, where a castle overlooking the river underscores the Swabian Hohenzollern family's claim to princely fame. About 50 kilometres further on, the Hohenzollern, from which the family takes its name, towers almost 900 metres over the steep edge of the Swabian Alb. Hohenzollern Castle was rebuilt and enlarged in the nineteenth century by the Berlin branch of the family. Beyond Sigmaringen, in the distant geological past, the Danube cut its way through strata of Jurassic mountain to flow along a picturesque riverbed crowned with rocky crags. Beuron Monastery has housed monks again since 1862, while bustling Tuttlingen at the end of the Engtal valley is a centre of medical technology where products ranging from surgical needles to endoscopes are manufactured.
North-east of Ulm comes first the Donauried region, which is rich in water, and then the Ostalb, a bleak, high-lying area, much of it wooded. In caves in the flattish Lonetal valley, scientists have discovered small animal statuettes made of mammoth ivory, 30,000 years

La vallée du Danube, le Jura souabe et les contreforts du Jura

Les plissements de terrains du Jura souabe achèvent leurs ondulations devant Ulm. Si on se tourne vers le sud-ouest et qu'on remonte le cours du Danube vers sa source, on atteint après Riedlingen Sigmaringen, dont le château dominant le fleuve souligne les aspirations princières des Hohenzollern souabes. A quelque 50 kilomètres de là, devant l'escarpement du Jura souabe et à 900 mètres d'altitude, se dresse majestueusement le château-fort portant le nom des Hollenzollern, et reconstruit et aménagé au XIXe siècle par la branche berlinoise de cette dynastie. Après Sigmaringen, le Danube a creusé son lit à travers les couches du massif du Jura en des temps éloignés lors de la formation des sols et s'est ainsi frayé un chemin pittoresque entre deux falaises de rochers. Le couvent Beuron accueille depuis 1862 de nouveau des moines. Au bout de la vallée Engtal est situé Tuttlingen, un centre affairé de technique médicale produisant de nombreux appareils médicaux, de l'aiguille d'une seringue aux endoscopes.
Le Ried, secteur marécageux du Danube gorgé d'eau s'étend d'Ulm en direction du nord-est, puis vient le Jura oriental, un haut plateau au sol pauvre, souvent boisé. Dans les cavernes de la vallée Lonetal qui est plutôt plate, des scientifiques ont trouvé de petites statuettes représentant des animaux, formées dans des défenses de mammouths. Elles ont 30 000 ans d'âge et sont ainsi les objets d'art les plus anciens de l'humanité. Tout près de la frontière avec la Bavière, et sur une hauteur nous

Vorangehende Doppelseite: Wie auf einem Gemälde von Caspar David Friedrich tauchen die Gipfel der Schwäbischen Alb aus dem Nebelmeer auf. Das auch „Schwäbischer Jura" genannte, rund 200 Kilometer lange und 40 Kilometer breite Mittelgebirge fällt im Nordwesten steil ab, während es im Südosten sanft ins Voralpenland übergeht.

Previous double page: The peaks of the Swabian Alb emerge from a sea of mist, resembling a painting by Caspar David Friedrich. This approximately 200-kilometre long and 40-kilometre wide central mountain chain falls away steeply in the northwest, while in the southeast it blends gently into the alpine uplands.

Double page antérieure: comme sur un tableau de Caspar David Friedrich, les sommets de l'Alb souabe émergent de la nappe de brouillard. Les montagnes moyennes d'environ 200 kilomètres de longueur et de 40 de largeur, également appelée «Jura souabe» tombent en versants abrupts au nord-ouest, tandis qu'elles s'inclinent doucement pour rejoindre la région préalpine.

Stilepochen mehrerer Jahrhunderte verleihen dem Schloss der Fürsten von Hohenzollern sein malerisches Aussehen. Ein alter Stadtkern und bewaldete Hügel umgeben den historischen Bau in Sigmaringen. Ort und Schloss sind einen Besuch wert, zumal die Benediktinerabtei Beuron (Seite 63) nur einen Steinwurf entfernt liegt.

The castle of the princes of Hohenzollern owes its picturesque appearance to a mixture of architectural styles spanning several centuries. An old town centre and wooded hills surround the historic building in Sigmaringen. Both town and castle are worth a visit, especially with the Benedictine monastery of Beuron (page 63) only a stone's throw away.

Des styles architecturaux nés au cours de plusieurs siècles confèrent au château des princes de Hohenzollern son visage si pittoresque. Un vieux noyau urbain et des collines boisées entourent ce bâtiment historique de Sigmaringen. La ville et le château ne manqueront pas d'intéresser le visiteur, d'autant plus que l'abbaye bénédictine de Beuron (page 63) n'en est qu'à deux pas.

In fernen erdgeschichtlichen Zeiten hat die junge Donau zwischen Tuttlingen und Sigmaringen die Gebirgsscholle der Schwäbischen Alb in weiten Schleifen durchsägt. Dabei ergibt sich immer wieder ein ähnliches Landschaftsbild: eine schmale, mit Wiesen bestandene Talsohle, an den Hängen Buchenwälder und an der oberen Talkante hellgraue Jurafelsen.

In distant geological days the young Danube dug a bed of broad and sweeping bends into the hill country of the Swabian Alb between Tuttlingen and Sigmaringen. Repeatedly the view is much the same: a narrow valley bed lined with meadows, beech woods on the hillsides and light grey Jurassic rock lining the upper perimeter of the valley.

A une époque géologique reculée, le jeune Danube a creusé entre Tuttlingen et Sigmaringen de larges méandres dans les couches du Jura Souabe. Ceci a forgé un paysage typique: une vallée étroite dont le fond est couvert de prés, des versants couverts eux de forêts d'hêtres et couronnés par des rochers jurassiques gris clairs

Donautal, Schwäbische Alb und Albvorland

Danube Valley, the Swabian Alb and the Alb foothills

La vallée du Danube, le Jura souabe et les contreforts du Jura

Kloster Neresheim auf der Ostalb ist ein barockes Gesamtkunstwerk. Nach Plänen des genialen Baumeisters Balthasar Neumann wurde von 1747 bis 1792 die Abteikirche gebaut.

Neresheim Abbey on the Ostalb is a Baroque synthesis of the arts. The abbey church was built between 1747 and 1792 to plans drawn up by the brilliant architect Balthasar Neumann.

L'abbaye de Neresheim à l'est du Jura Souabe est une œuvre d'art baroque totale. L'église fut construite entre 1747 et 1792 d'après les plans de Balthasar Neumann, un maître d'œuvre de génie.

der Grenze zu Bayern thront auf einer Erhöhung das Geviert des Klosters Neresheim, dessen schon klassizistisch ausgestattete Kirche Balthasar Neumann entworfen hat. In Giengen an der Brenz werden bei Steiff die schönsten Stofftiere mit Sammlereffekt für alle Erdteile hergestellt. Stellvertretend für den industriellen Schwerpunkt Heidenheim sei nur Voith genannt, eine Weltfirma für Papiermaschinen und Antriebstechnik. Weiter nördlich in dieser Industrieregion hat sich nach dem Krieg in Oberkochen Zeiss-Optik angesiedelt, während bei Aalen zwar kein Erz mehr gebrochen wird, aber noch die Schwäbischen Hüttenwerke zu finden sind.

Auf der Baar kommen sich Schwarzwald und Schwäbische Alb oder Schwäbischer Jura, wie die Geologen sagen, ziemlich nahe. Dann strebt die bis zu 300 Meter hohe Steilkante des Gebirges nach Nordosten, vielfach von Wasserläufen durchschnitten. Die breite Hochfläche ist ein altbesiedeltes Bauern- und Schäferland. Im Haupt- und Landgestüt Marbach im Tal der Großen Lauter werden seit mehr als 500 Jahren Pferde gezüchtet, Schwarzwälder und Württemberger, Trakehner und silbrigweiße Araber. Am Fuß der Alb reihen sich Industriestandorte aneinander, die meist einen historischen Stadtkern vorzuweisen haben: Balingen und Albstadt – Waagen- und Trikotagenproduktion –, die einstige Reichsstadt Reutlingen mit ihrer hochgotischen Marienkirche – Maschinenbau und

old and the oldest works of art fashioned by human hands. On a hill near the border with Bavaria the cruciform Neresheim monastery building comes as something of a surprise, its classical church designed by Balthasar Neumann. In Giengen an der Brenz, Steiff manufactures plush toy animals which are loved by collectors and exports them all over the world, while in industrial Heidenheim Voith for one is a firm of world renown that specialises in papermaking machinery and motive-power engineering. Further north, in Oberkochen, Zeiss-Optik set up in business after World War II, while in Aalen ore may no longer be mined, but a steelworks, Schwäbische Hüttenwerke, is still in business.

Up on the Baar plateau the Black Forest and the Swabian Alb or Swabian Jura, as the geologists call it, are near neighbours until the ridge up to 300 metres tall veers north-east and is criss-crossed by waterways. The plateau is long-established farmland and pasture. For over 500 years horses have been bred at the Marbach stud farm in the Grosse Lauter valley. They include Schwarzwälder, Württemberger, Trakehner and silver-white Arab steeds. At the foot of the Alb, industrial towns follow each other in swift succession, usually including a historic town centre. There are Balingen and Albstadt, where scales and

surprend la masse carrée du couvent Neresheim, dont l'église du début de l'époque du classicisme a été dessinée par Balthasar Neumann. La production mondiale des animaux en peluche de la marque Steiff se fait à Giengen sur la Brenz, et nous ne nommerons dans la ville industrielle de Heidenheim que la société Voith, de réputation mondiale pour ses machines à fabriquer le papier et pour la technique de transmission. Plus au nord de cette zone industrielle, l'industriel de l'optique Zeiss s'est installé à Oberkochen après la guerre, tandis que près d'Aalen on n'extrait plus de minerai, mais, les «Schwäbischen Hüttenwerke», les usines sidérurgiques souabes, sont encore en activité.

Sur le plateau de Baar, la Forêt-Noire et le Jura souabe se rencontrent presque, comme disent les géologues, ensuite l'escarpement du massif jusqu'à 300 mètres d'altitude semble se tourner vers le nord-est et est entaillé de nombreux cours d'eau. Le haut plateau est une contrée de champs et de prairies exploités depuis fort longtemps. Dans la vallée de Große Lauter, le haras de Marbach élève depuis plus de 500 ans des chevaux, qu'ils soient de la race de la Forêt-Noire, du Wurtemberg, de Trakehnen ou de la race arabe blanche argentée. Au pied du Jura s'alignent les lieux d'implantation industrielle, qui ont la plupart du temps un vieux centre historique: Balingen et Albstadt – production de balances et tricots –, l'ancienne ville impériale Reutlingen avec son église Marienkirche de style gothique – construction mécanique et ateliers

Weltweit berühmt geworden ist das am Neckar gelegene Tübingen durch seine 1477 gegründete Universität. Das Rathaus mit dem Marktplatz (Foto) sowie die Altstadt sind vollständig erhalten.

Tübingen on the Neckar owes its claim to world fame to its university, founded in 1477. The Rathaus (town hall) on the Marktplatz (photo) and the city's Altstadt are fully preserved.

L'université de Tübingen, fondée en 1477, a rendu cette ville des bords du Neckar célèbre dans le monde entier. L'hôtel de ville et la Place du Marché (photo) ainsi que la ville historique ont été entièrement préservés.

Drahtwebereien –, Bad Urach mit der spätmittelalterlichen Residenz des württembergischen Grafen Eberhard im Bart, die alte Marktstadt Kirchheim unter Teck, Geislingen an der Steige – die Firma WMF (Württembergische Metallwarenfabrik) produziert hier Bestecke, Geschirr und Kaffeemaschinen – bis zur Gold- und Silberstadt Schwäbisch Gmünd. Im Vorfeld erhebt sich bei Göppingen – hier werden die Märklin-Modelleisenbahnen entworfen und gebaut – der Kegelberg des Hohenstaufen (684 Meter), der einem bedeutenden Geschlecht mittelalterlicher Herzöge, Könige und Kaiser den Namen gegeben hat. Das Albvorland reicht bis zum Neckar mit der gut erhaltenen Reichsstadt Rottweil, die schon in römischer Zeit eine wichtige Siedlung war, mit Rottenburg, wo seit Anfang des 19. Jahrhunderts der katholische Bischof für Württemberg seinen Sitz hat, und mit Tübingen, wo seit 1477 die württembergische Landesuniversität besteht. Ihr Gründer Graf Eberhard im Bart hat ihr zum Ziel gesetzt, den „ewigen Brunnen des Lebens" zu graben. Das tut zur Zeit mehr als ein Viertel der 85 000 Einwohner. Nördlich der Stadt dehnt sich der Schönbuch aus, ein waldreicher Naturpark mit einer Hirsch-Kolonie und dem Zisterzienserkloster Bebenhausen. Es folgt die dichtbesiedelte Hochfläche der Filder, auf der bei Echterdingen der größte Flughafen des Landes unablässig ausgebaut wird.

knitwear are manufactured, the former imperial city of Reutlingen with its late Gothic Marienkirche (and its mechanical engineering and wire-weaving mill), Bad Urach and the late mediaeval palace of Count Eberhard im Bart of Württemberg, the old market town of Kirchheim unter Teck, Geislingen an der Steige, where WMF, short for Württembergische Metallwarenfabrik, manufactures cutlery, tableware and coffee machines, and the gold and silver town of Schwäbisch Gmünd. Not far away, near Göppingen, the home of Märklin model railways and more, is the free-standing cone-shaped Hohenstaufen, 684 metres high, that gave its name to an important family of mediaeval dukes, kings and emperors.
The Albvorland extends to the Neckar and the well-preserved old imperial city of Rottweil that was an important settlement even in Roman days, to Rottenburg, from where the Catholic bishop of Württemberg has controlled his see since the early nineteenth century, and to Tübingen, where Württemberg has boasted a university since 1477. Its founder, Count Eberhard im Bart, instructed it to dig for the "eternal spring of life." More than one in four of the city's 85,000 inhabitants are currently engaged in doing precisely that. North of Tübingen lies the Schönbuch nature park with its woodland, herd of deer and the Cistercian monastery of Bebenhausen. Then comes the densely populated Filder plateau, where the state's largest airport, near Echterdingen, is constantly undergoing extension.

de tissage de fils métalliques –, Bad Urach avec la résidence du comte wurtembergeois Eberhard im Bart, dit le Barbu, construite dans le style du Moyen-Age tardif, la vieille ville-marché Kirchheim unter Teck, Geislingen an der Steige – WMF, Württembergische Metallwarenfabrik, produit ici des couverts, de la vaisselle et des machines à café –, jusqu'à la ville des orfèvres Schwäbisch Gmünd. Au préalable se dresse près de Göppingen (où – entre autres – les chemins de fer miniatures de la marque Märklin sont produits) le mont en cône et isolé du Hohenstaufen 684 mètres, qui a donné son nom à une des dynasties les plus importantes de ducs, rois et empereurs du Moyen-Age.
Les contreforts du Jura vont jusqu'au Neckar et on y rencontre la ville impériale bien conservée de Rottweil, qui déjà à l'époque romaine était une colonie importante, celle de Rottenburg, où l'évêque catholique du Wurtemberg a son siège depuis le début du XIXe siècle, et enfin celle de Tübingen qui abrite depuis 1477 l'université régionale wurtembergeoise. Son fondateur Eberhard im Bart lui a donné comme mission de creuser «l'éternelle fontaine de la vie». Ce que font de nos jours plus d'un quart de ses 85 000 habitants. Au nord de la ville commence le Schönbuch, un parc naturel boisé peuplé d'un troupeau de cerfs, non loin duquel se situe le couvent cistercien de Bebenhausen. Leur succède le haut plateau de la Filder très peuplé, sur lequel près d'Echterdingen le plus grand aéroport de la région ne cesse de s'agrandir.

Folgende Doppelseite: Die Landschaft rund um die Römer- und Bischofsstadt Rottenburg am Neckar ist altes Siedlungsgebiet. Die Römer gründeten hier um 85 n. Chr. die antike Stadt Sumelocenna, die sich zu einem bedeutenden Ort im rechtsrheinischen Gebiet der römischen Provinz Obergermanien entwickelte.

Next double page: The countryside around Rottenburg on the Neckar, a Roman town and episcopal seat, was settled at an early date. The Romans established the ancient town of Sumelocenna there in around 85 AD. It evolved into an important centre in the area on the right bank of the Rhine of the Roman province of Upper Germania.

Double page suivante: La région entourant la ville épiscopale d'origine romaine de Rottenburg sur le Neckar est une ancienne terre de colonisation. Les Romains fondèrent en 85 après J.Chr. la ville antique de Sumelocenna qui devint alors une importante localité sur le territoire de la rive droite du Rhin de la province romaine de Germanie Supérieure.

Im Jahr 777 das erste Mal genannt, seit dem 13. Jahrhundert Freie Reichsstadt, berühmt für die Goldschmiedekunst: Das ist Schwäbisch Gmünd mit Münster und einem langgezogenen Marktplatz, der heute noch den Eindruck bürgerlichen Selbstbewusstseins und frommer Geisteshaltung vermittelt.

The first mention of Schwäbisch Gmünd with its Minster and elongated market square dates back to 777 AD. In the thirteenth century it became a free city of the Holy Roman Empire. Famed for the art of its goldsmiths, the town's market square still conveys an impression of bourgeois self-confidence and pious attitudes.

Mentionnée pour la première fois en 777, ville libre d'empire depuis le XIIIe siècle, célèbre pour son orfèvrerie, ainsi se présente Schwäbisch Gmünd avec sa cathédrale et sa Place du Marché allongée dont émane, encore aujourd'hui, le sentiment de confiance en soi et de dévotion religieuse propre à la bourgeoisie.

Der Kornbühl ist mit seinen 886 Metern ein bekannter Ausflugsberg in der Mittleren Schwäbischen Alb. Auf seinen Gipfel mit der Salmendinger Kapelle führt ein 1886 angelegter Kreuzweg mit 14 Stationen hinauf. Die Wallfahrtsstätte ist der heiligen Anna geweiht und wurde bereits 1507 urkundlich erwähnt. Im Hintergrund der 855 Meter hohe Burgberg der Hohenzollern bei Hechingen.

The 886-metre Kornbühl is a popular destination for excursions in the central Swabian Alb. A Way of the Cross with fourteen stations, built in 1886, leads up to the summit and Salmendingen Chapel, a pilgrimage church dedicated to St Anna. The first recorded mention of the chapel dates back to 1507. In the background is the 855-metre summit with Hohenzollern Castle near Hechingen.

Culminant à 886 mètres, le Kornbühl est un but d'excursion bien connu du Jura souabe moyen. Un calvaire aménagé en 1886 et comprenant 14 stations mène à son sommet où se dresse la chapelle de Salmendingen. Ce lieu de pèlerinage est voué à Sainte Anne et apparut dans les annales dès 1507. A l'arrière-plan, le Burgberg qui s'élève à 855 mètres, où trône le château des Hohenzollern près de Hechingen.

Hermann Hesse wurde 1877 in Calw im württembergischen Schwarzwald geboren. Das Stadtbild ist noch weitgehend von stattlichen Fachwerkhäusern geprägt.

The writer Hermann Hesse was born 1877 in Calw in the Württemberg Black Forest. The townscape is still largely characterised by magnificent half-timbered buildings.

L'image de la ville de Calw, la ville natale d'Hermann Hesse, dans la Forêt-Noire wurtembergeoise est encore principalement marquée par d'imposantes maisons à colombages.

Rund um und in Stuttgart

Westlich von diesen Naturräumen erstreckt sich bis zum Rand des Schwarzwalds, der etwa in Calw, in Hermann Hesses Geburtsstadt, erreicht ist, eine Muschelkalkfläche, das Gäu, herkömmlich bestes Bauernland. Dagegen bilden Herrenberg und vor allem die Nachbarstädte Böblingen und Sindelfingen einen industriellen Schwerpunkt, wofür nur die Firmennamen IBM und Daimler AG stehen mögen. Sindelfingen hat bei rund 60 000 Einwohnern fast ebenso viele Arbeitsplätze zu bieten.
Der Neckar, der Flughafen, das Eisenbahnnetz und der Verlauf der Autobahnen aus allen vier Himmelsrichtungen, all dies zielt auf den Mittelpunkt des Bundeslandes, auf die Landeshauptstadt Stuttgart mit ihren annähernd 600 000 Einwohnern. Nimmt man aber das Umland dazu, das mit Stuttgart eine wirtschaftliche Einheit bildet, so ergibt sich ein Ballungsraum mit gut und gerne 2,5 Millionen Menschen. Zu diesem Umland zählen zum Beispiel das industriestarke Esslingen, an dessen Hängen die Rebe gedeiht und das in der Altstadt das Bild einer ehemals

Around and in Stuttgart

West of this area and to the edge of the Black Forest, which starts roughly in Calw, where the writer Hermann Hesse was born, is a muschelkalk region known as the Gäu, that is fine farming country. But Herrenberg and, above all, neighbouring Böblingen and Sindelfingen make up an industrial centre the size and significance of which is indicated by major employers IBM and Daimler AG. Sindelfingen, with a population of about 60,000, is the home of almost the same number of jobs.
The River Neckar, the airport, the railway network and autobahns from all four points of the compass converge on the focal point of the state, the powerhouse of Stuttgart, the state capital with its population of nearly 600,000. Stuttgart and its environs, which form an economic unit, form a conurbation with a population in excess of 2.5 million. It includes, for instance, industrial Esslingen with its hillside vineyards and its Altstadt that calls to mind memories of what once was an independent republic, and Ludwigsburg, the Baroque palace of the dukes and kings of Württemberg, with what is now a major shopping centre and festival venue.
The viewing platform of the slender, 217-metre Südwestrundfunk TV tower, which has been emulated by many more of its kind all over the world, affords the best view of Stuttgart, which is enclosed in a valley that opens up toward the Neckar. Hillsides and valley are criss-crossed by roads. Königstrasse,

Stuttgart et ses alentours

A l'ouest de ces paysages naturels s'étend jusqu'à la lisière de la Forêt-Noire, soit à peu près à Calw, la ville natale d'Hermann Hesse, le Gäu, un terrain calcaire coquillier qui est depuis toujours une très bonne terre fertile. Pourtant Herrenberg et surtout les villes voisines de Böblingen et Sindelfingen forment un centre industriel représenté par des sociétés telles que IBM et Daimler AG. Sindelfingen offre presque autant d'emplois qu'elle a d'habitants: 60 000.
Le Neckar, l'aéroport, le réseau de chemin de fer et les autoroutes venant de toutes directions, tout converge vers le centre de ce Land, vers Stuttgart, sa capitale forte de près de 600 000 habitants, où se concentre la puissance économique du Land. Si on y ajoute sa périphérie, qui forme avec elle une unité économique, on obtient une région à forte concentration urbaine avec plus de 2,5 millions d'habitants. Sont comprises dans cette périphérie par exemple la ville riche en industries d'Esslingen – sur ses coteaux pousse la vigne, et qui a conservé dans son vieux centre l'image de la république indépendante qu'elle était autrefois – et la ville de Ludwigsburg, ancienne résidence de style baroque des ducs et rois du Wurtemberg et aujourd'hui ville de festivals et ville commerçante.

Im Mittelpunkt des Bundeslandes Baden-Württemberg liegt die Landeshauptstadt Stuttgart. Sie ist politisches und kulturelles Zentrum des Landes und Hauptstandort zahlreicher weltweit agierender Firmen und Industriebetriebe.

The central point of the federal state of Baden-Württemberg is the state capital, Stuttgart. The city is the state's political and cultural centre and many globally operating companies and industrial enterprises have their headquarters there.

Le pôle principal du Land de Bade-Wurtemberg est sa capitale, Stuttgart. Elle est le centre politique et culturel de la province et lieu d'implantation de nombreuses firmes et entreprises industrielles opérant au niveau international.

In den Jahren 1763 bis 1769 ließ Herzog Carl Eugen von Württemberg bei Stuttgart sein Jagdschloss Solitude samt Kavaliershäusern errichten, in dem der europäische Adel bukolische Feste feierte. Heute sind hier eine Akademie und ein Museum untergebracht.

In 1763–1769 Duke Carl Eugen of Württemberg had his hunting lodge Solitude, along with houses for the ducal court, built near Stuttgart. It was the scene of bucolic festivities attended by the European nobility. Today it houses an academy and a museum.

C'est dans les environs de Stuttgart qu'en 1763–1769, le duc Carl Eugen von Württemberg fit ériger son château de chasse Solitude ainsi que les «Kavaliershäuser» (Maisons de chevaliers) où la noblesse européenne venait célébrer des fêtes bucoliques. Il abrite aujourd'hui une académie et un musée.

Seit Herzog Eberhard Ludwig von Württemberg 1704 damit begann, ist gut hundert Jahre lang am Schlosskomplex und an den Parkanlagen in Ludwigsburg gebaut worden. Die Residenz der Herzöge und Könige von Württemberg ist heute als Museum und als „Blühendes Barock" für jedermann zugänglich. Im Hintergrund des weitläufigen Parks liegt Schloss Favorite, das als barockes Lust- und Jagdschlösschen 1717 bis 1723 errichtet wurde.

Work on the castle and grounds in Ludwigsburg went on for well over a century after it was commissioned by Duke Eberhard Ludwig of Württemberg in 1704. Today, the palace of the dukes and kings of Württemberg is a museum open to the public with its "Baroque in Bloom." In the background in the spacious park is Schloss Favorite, built between 1717 and 1723 as a baroque summer residence and hunting lodge.

Entrepris en 1704 par le duc Eberhard Louis de Wurtemberg, la construction de l'ensemble du château et les travaux dans le parc ont duré une bonne centaine d'années. La résidence des ducs et rois du Wurtemberg est maintenant un musée ouvert au grand public avec ses floralies «Baroque en fleurs». A l'arrière du parc de vaste envergure se trouve le château Favorite, construit de 1717 à 1723 dans le style baroque. Il servait de pavillon de chasse et de château de plaisance au souverain.

Rund um und in Stuttgart

selbstständigen Republik bewahrt hat, und Ludwigsburg, die barocke Residenz der Herzöge und Könige von Württemberg und heute moderne Einkaufs- und Festspielstadt.
Von der Aussichtsplattform des schlanken Fernsehturms (217 Meter) des Südwestrundfunks, der Vorbild für viele Türme dieser Art in aller Welt geworden ist, hat man den besten Blick auf Stuttgart, das in einem Talkessel liegt, der sich zum Neckar hin öffnet. Hänge und Talsohle sind mit Straßenzügen überzogen, die Einkaufsmeile Königstraße verläuft in Richtung Hauptbahnhof mit seinem wuchtigen Turm. Parallel zu ihr Stiftskirche, Altes und Neues Schloss, wo das grüne Band der Parkanlagen beginnt, das am Neckar bei der Wilhelma, dem Zoologischen Garten, endet. Die Fabriken sind vorwiegend in der Peripherie zu finden. Stuttgart ist aber auch eine Musenstadt mit Schauspiel, Oper und Ballett, das John Cranko zu Weltruhm geführt hat, mit Museen und Galerien und nicht zuletzt zahlreichen Verlagen.

Around and in Stuttgart

Stuttgart's main shopping street, runs toward the main railway station with its massive tower. Parallel to it are the Stiftskirche and the Altes and Neues Schloss, where the green stretch of parks and greenery begins, ending at the Wilhelma, Stuttgart's zoo, on the bank of the Neckar. Factory buildings are mainly to be found in the suburbs. Stuttgart is also a city of the muses, with theatre, opera and ballet, which gained international repute under John Cranko, with museums and galleries and, last but not least, a large number of publishing houses.

Stuttgart et ses alentours

On a la plus belle vue sur Stuttgart depuis la plate-forme de la svelte tour de télévision (217 mètres) de la Südwestrundfunk, tour qui a servi de modèle à beaucoup d'autres tours de ce genre dans le monde entier. Stuttgart est située dans une cuvette, qui s'ouvre sur le Neckar. Les versants et le fond de la vallée sont sillonnés de routes, la grande rue commerçante de la ville, la Königstraße, mène à la gare centrale avec sa tour massive. Parallèlement à son axe se dressent la Stiftskirche, collégiale, le Vieux et le Nouveau Château, où commence le long ruban vert des parcs menant au bord du Neckar, près du Wilhelma, le jardin zoologique. Les usines se trouvent principalement dans les quartiers extérieurs. Stuttgart est aussi une ville des muses, proposant théâtres, opéra et ballets classiques – rendus célèbres mondialement par John Cranko –, riche en musées et galeries, sans compter les nombreuses maisons d'édition.

Markgröningen, an der Deutschen Fachwerkstraße gelegen, wurde bereits im 8. Jahrhundert urkundlich erwähnt. Das spätmittelalterliche Stadtensemble beeindruckt mit der gotischen Bartholomäuskirche und einem Fachwerkrathaus aus dem 15. Jahrhundert (oben rechts im Bild).

Markgröningen on the Deutsche Fachwerkstrasse, a tourist route focusing on half-timbered buildings, was first mentioned in a document in the eighth century. Highlights of the late mediaeval town ensemble include the Gothic church of St Bartholomew and a fifteenth-century half-timbered town hall (in the top right of the picture).

Markgröningen, en bordure de la Route allemande des Maisons à Colombages est mentionné dès le VIIIe siècle. L'ensemble urbain issu de la fin du Moyen Âge impressionne par son église gothique, la Bartholomäuskirche, et un hôtel de ville à colombages datant du XVe siècle (en haut, à droite sur la photo).

Der Hohenasperg mit seiner Festung. Weithin sichtbar, war er bereits in vorchristlicher Zeit Kultstätte und Fluchtburg. Seit 1535 als Festung ausgebaut, diente das dicke Gemäuer auch als Gefängnis für Straftäter und politische Gefangene – wie zum Beispiel für Joseph Süß Oppenheimer, den Finanzberater des württembergischen Herzogs. Er verbrachte hier sieben Jahre, bevor er hingerichtet wurde.

Hohenasperg and its fortress. Visible from afar, it was a religious site and refuge back in pre-Christian times. The fortress was built in 1535 and its thick walls have served as a prison for criminals and political prisoners, including Joseph Süss Oppenheimer, financial adviser to the Duke of Württemberg. Oppenheimer spent seven years here before he was executed.

Le Hohenasperg avec sa forteresse bien visible alentour était déjà avant l'ère chrétienne un lieu de culte et de refuge. Transformé en forteresse à partir de 1535, ses épaisses murailles servirent également de prison pour délinquants et prisonniers politiques – comme par exemple pour Joseph Süß Oppenheimer, le conseiller financier du duc de Wurtemberg. Il y passa sept ans avant d'être exécuté.

Neckarschleife bei Hessigheim: Die Steilhänge sind mit Weinbergen bewachsen, das gegenüberliegende Ufer ist bewaldet. In diesem kurvenreichen und engen Talabschnitt fließen dem Neckar zahlreiche Nebenflüsse zu wie zum Beispiel Enz und Zaber.

The horseshoe bend in the Neckar at Hessigheim. The steep slopes are covered in vines, while the opposite bank is wooded. Numerous tributaries, such as the Enz and the Zaber, flow into the Neckar in this winding and narrow section of the valley.

La boucle du Neckar près de Hessigheim: les versants en pente raide sont tapissés de vignobles, la rive opposée boisée. Dans cette partie étroite et sinueuse de la vallée, le Neckar est rejoint par de nombreux affluents comme par exemple la Enz et la Zaber.

Vom Neckar an die Tauber

Nach Norden weist wieder der Neckar den Weg, der von Plochingen oberhalb von Stuttgart bis Mannheim durch Staustufen kanalisiert ist. Linker Hand erkennt man das waldreiche Band des Strombergs, an dessen westlichem Ausläufer Maulbronn zu ahnen ist, das Zisterzienserkloster, besser eine Klosterstadt, die von der UNESCO zum Weltkulturerbe gezählt wird. Rechter Hand erheben sich über den mit Reben bestandenen Ufern Hügelketten, die nach Osten streben: der Fränkisch-Schwäbische Wald. Die weite Bucht, die gewaltige Rundung um die Großstadt Heilbronn, wird von Weinbergen beherrscht. Die Stadt selbst ist ein wichtiger Handels- und Gewerbestandort, der vom Hafen am Neckar und der verkehrsgünstigen Lage profitiert. Östlich davon dehnt sich bis zur Grenze nach Bayern ein fruchtbares Bauernland, das von den Zwillingsflüssen Jagst und Kocher durchkerbt ist: Hohenlohe. Eine Gegend nicht ohne Industrie, wie der Schraubenkonzern Würth in Künzelsau beweist, eine Gegend nicht ohne Gewicht, wie Schwäbisch Hall belegt, ehemals eine wohlhabende Reichsstadt, in der aus Sole Salz gesotten wurde, heute Sitz der größten deutschen Bausparkasse. Dass diese Landschaft auch ein Adelsland ist, bezeugen die vielen Residenzen der Fürsten von Hohenlohe wie Öhringen oder Langenburg.

From the Neckar to the Tauber

To the north it is the Neckar that leads the way once more. From Plochingen, east of Stuttgart, to Mannheim it is canalised, with locks and a number of levels. To the west you will see the woodland of the Stromberg, with Maulbronn barely visible to its west. Maulbronn is a Cistercian monastery or, more accurately, a monastery town, that has been designated by UNESCO as a world cultural heritage site. To the east, with vines lining the hillsides, a string of hills heads east. It is the Franconian-Swabian Forest. The wide bend that the river takes around the city of Heilbronn is lined with vineyards. The city itself is an important centre of trade and industry that benefits from an inland port on the Neckar and a location that is favourable for transport. Further east, fertile farmland extending to the border with Bavaria is criss-crossed by the twin rivers Jagst and Kocher. This is the Hohenlohe region. It too is not lacking in industry, as shown by Würth, who manufacture screws in Künzelsau. It is not unimportant in other respects either, as evidenced by Schwäbisch Hall, once a prosperous imperial

Du Neckar à la Tauber

Le Neckar se dirige alors vers le nord, étant canalisé à l'aide de biefs de Plochingen au-dessus de Stuttgart jusqu'à Mannheim. A main gauche, on reconnaît la masse couverte de forêts du Stromberg et sur ses contreforts ouest vaguement les contours de Maulbronn, le cloître des cisterciens, ou plutôt une véritable ville monastique, que l'UNESCO a classée au patrimoine mondial de la culture. A main droite, au-dessus des rives couvertes de vignes, s'élève une chaîne de collines qui se dirige vers l'est: la forêt franconienne-souabe. La vallée élargie, l'énorme coude autour de la grande ville d'Heilbronn disparaissent complètement sous les vignes. La ville elle-même est une place commerciale et industrielle importante, grâce à son port au bord du Neckar et à ses bonnes voies de communications.
A l'Est s'étend jusqu'à la frontière bavaroise une contrée très fertile, entaillée par les deux rivières jumelles Jagst et Kocher: le Hohenlohe. Une région qui n'est pas sans industrie, ainsi que le prouve la présence à Künzelsau du groupe Würth fabriquant des vis, une région qui n'est pas sans importance non plus, ainsi que Schwäbisch Hall le montre, autrefois ville impériale prospère, dans

Vom Kochertal zieht sich die Reichsstadt Schwäbisch Hall den Hang hinauf bis zur Michaelskirche. Nachdem 1728 die Altstadt ein Raub der Flammen wurde, erfolgte der Wiederaufbau im bis heute das Stadtbild prägenden Barockstil.

In the Kocher valley the Imperial city of Schwäbisch Hall extends up the hillside as far as St Michael's Church. After the Altstadt was devoured by fire in 1728, it was rebuilt in the baroque style that characterises the townscape to this day.

De la vallée de la Kocher, la ville d'empire de Schwäbisch Hall s'étale sur le versant de la colline jusqu'à l'église Michaelskirche. Après avoir été la proie des flammes en 1728, la vieille ville fut reconstruite dans le style baroque qui caractérise la physionomie urbaine jusqu'à notre époque.

Um 1300 wird erstmals die Familie der Freiherren von Berlichingen in Jagsthausen erwähnt. Die Burg Jagsthausen (auch Götzenburg genannt) geht auf einen Vorgängerbau aus dem 14. und 15. Jahrhundert zurück, auf dem Götz von Berlichingen, der vor allem durch Goethes gleichnamiges Drama bekannt wurde, seine Kindheit verbrachte. Ihre heutige Gestalt erhielt sie durch Erweiterungen im 19. Jahrhundert.

The first mention of the family of the barons of Berlichingen in Jagsthausen dates from around 1300. Jagsthausen Castle (also known as the Götzenburg) was built on the site of an earlier castle built in the fourteenth and fifteenth centuries where Götz von Berlichingen, known mainly from Goethe's play of that name, spent his childhood. The castle owes its present appearance to nineteenth-century extensions.

C'est aux environs de 1300 qu'est mentionnée pour la première fois la famille des Freiherren (barons) de Berlichingen. Le château fort de Jagsthausen (également appelé Götzenburg) eut pour prédécesseur un édifice datant du XIVe et XVe siècle où Götz von Berlichingen passa son enfance, personnage historique bien connu avant tout pour être le héros du drame du même nom qu'écrivit Goethe. Des agrandissements effectués au XIXe siècle lui ont conféré son aspect actuel.

Dieses ungewöhnliche, achteckige Gebäude liegt in der Gemeinde Oppenweiler im Naturpark Schwäbisch-Fränkischer Wald. Es wurde 1782 von den Freiherren von Sturmfeder als Wasserschloss auf einer künstlichen Insel im Schlosssee erbaut und dient heute als Rathaus.

This unusual, octagonal building is in the borough of Oppenweiler in the Schwäbisch-Fränkischer Wald nature park. The Barons of Sturmfeder had it built in 1782 as a moated castle on an artificial island in the castle lake. It now serves as a town hall.

Ce bâtiment octogonal peu ordinaire se trouve dans la commune de Oppenweiler, au sein du Parc naturel «Schwäbisch-Fränkischer Wald». Château entouré d'eau, il fut érigé en 1782 par les barons von Sturmfeder sur un îlot artificiel du lac du château. Il sert aujourd'hui de mairie.

Hoch über der Jagst liegt das Städtchen Langenburg. Vor der eindrucksvollen Fassade ihres Schlosses pflegen die Fürsten von Hohenlohe-Langenburg einen barocken Garten.

The small town of Langenburg stands on a spur towering over the River Jagst. The princes of Hohenlohe-Langenburg keep up a Baroque garden in front of the impressive exterior of their castle.

La petite ville de Langenburg surplombe la Jagst. Les princes de Hohenlohe-Langenburg avaient aménagé des jardins baroques devant la façade impressionnante de leur château.

Vom Neckar an die Tauber

From the Neckar to the Tauber

Du Neckar à la Tauber

Bereits im 13. Jahrhundert siedelten sich Bauern auf dem südlichen Ausläufer des Heuchelberges an, um unter dem Schutz der Burg Neipperg, der Stammburg der Grafen von Neipperg, zu leben. Seit jeher ist der zum Landkreis Heilbronn gehörende Ort von zahlreichen Weinbergen umgeben.

Peasants settled on the southern foothill of the Heuchelberg back in the thirteenth century in order to enjoy the protection of Neipperg Castle, family seat of the Counts of Neipperg. Neipperg, in the district of Heilbronn, has always been surrounded by vineyards.

Dès le XIIIe siècle, des paysans vinrent s'établir sur les contreforts sud du mont Heuchelberg pour y vivre sous la protection du château fort de Neipperg, siège des comtes du même nom. Depuis toujours, cette localité qui fait partie du cercle de Heilbronn est entourée de nombreux vignobles.

Der Neckar strebt weiter nach Norden in Richtung Odenwald, wo er sich dem Rhein zuwendet. Er fließt vorbei an der Autostadt Neckarsulm, vorbei an der türmereichen Stauferstadt Bad Wimpfen, vorbei an der malerischen Amts- und Fachwerkstadt Mosbach. Das Gebiet zwischen unterem Neckar und Tauber heißt Badisch Franken, in Teilen auch südlicher Odenwald und Bauland. Zum Heiligblutwunder in Walldürn pilgern sogar Gruppen zu Fuß aus dem Rheinland. Das leicht gewellte Hügelland mündet in den offenen und weiten Taubergrund. Dort liegt Tauberbischofsheim. Hinüber bis zur Frankenmetropole Würzburg ist es nicht mehr weit. Zuletzt verengt sich das Tal, bis die Tauber in dem hübschen Städtchen Wertheim in den Main fließt.
Die landschaftlichen Schönheiten in dieser reich gegliederten Region, die sich vom Main bis an den Fuß der Alpen und vom Rhein bis an Tauber und Ries erstreckt, hat nach der Meinung vieler der Herrgott selbst bei der Erschaffung der Welt hervorgebracht und dabei sein Meisterstück geliefert: von allem etwas, und immer das Schönste. Das gilt für die Gebirge, die Flussläufe und nicht zuletzt für den Bodensee.

city where salt was manufactured from brine, now the home of Germany's largest building society. The many palaces of the princes of Hohenlohe, such as Öhringen or Langenburg, also testify to the fact that this is a part of the country with its own nobility.
The Neckar flows further north toward the Odenwald, where it turns off toward the Rhine. It flows past Neckarsulm, a carmaking city, past Bad Wimpfen with its many towers and its imperial past, past the picturesque half-timbered administrative town of Mosbach. The area between the Lower Neckar and the Tauber is known as Badisch Franken, or Baden Franconia, and includes the southern Odenwald and Bauland. Groups of pilgrims come on foot from as far away as the Rhineland to the Heiligblutwunder in Walldürn. The slightly undulating hill country ends in the open expanses of the Taubergrund, with Tauberbischofsheim as its focal point. From there it is not far to Würzburg in Franconia. The valley finally narrows until the Tauber flows into the Main in the pretty little town of Wertheim.

laquelle on bouillait l'eau saline pour en extraire le sel, aujourd'hui siège de la caisse d'épargne-logement la plus importante d'Allemagne. Les nombreuses résidences des princes du Hohenlohe, telles Öhringen ou Langenburg, témoignent de la noblesse de cette terre.
Le Neckar poursuit son cours vers le nord en direction de l'Odenwald, où il se détourne vers le Rhin. Il passe Neckarsulm, ville de construction automobile, Bad Wimpfen, ville des Hohenstaufen riche en tours, et enfin Mosbach, ville administrative aux maisons à colombage pittoresques. Le territoire entre le cours inférieur du Neckar et la Tauber s'appelle la Franconie badoise, dont une partie est constituée par le sud de l'Odenwald et par le Bauland. Le mystère du saint sang à Walldürn attire des groupes de pèlerins venant à pied, parfois même de la Rhénanie. Ce pays légèrement mamelonné prend fin au Taubergrund, large vallée ouverte, avec en son centre Tauberbischofsheim. Würzburg, métropole de la Franconie, n'est plus bien loin. La vallée se rétrécit enfin, jusqu'à ce que la Tauber se jette dans le Main à hauteur de la jolie petite ville de Wertheim.
Cette région, aux nombreux beaux paysages, qui s'étend du Main jusqu'aux pieds des Alpes, fut, d'un avis largement partagé, conçue par Dieu lui-même lors de la création du monde et il en fit son chef d'œuvre: un peu de tout et toujours ce qu'il y a de plus beau.

Wie andere Residenzen der Fürsten von Hohenlohe, etwa Langenburg oder Bartenstein, ist auch Kirchberg an der Jagst auf einer Landzunge angelegt. Hoch über der Jagst erscheint von der Stadtkirche bis zum Schloss eine Kleinstadt, die mit ihrem Ferkelmarkt typisch ist für das Bauernland Hohenlohe.

Like other palaces built by the princes of Hohenlohe such as Langenburg or Bartenstein, Kirchberg an der Jagst is built on a tongue of land. High up above the Jagst, from the Stadtkirche to the Schloss, Kirchberg with its pig market is a small town typical of the Hohenlohe farming country.

Kirchberg sur la Jagst est située sur une langue de terre, tout comme d'autres résidences du prince de Hohenlohe telles que Langenburg ou Bartenstein. De l'église au château, cette petite ville, surplombe la Jagst, et avec son marché à porcelets est typique de la contrée agricole Hohenlohe.

Das im Taubertal gelegene Weikersheim wurde bereits 837 urkundlich erwähnt. Der historische Stadtkern steht als Gesamtanlage unter Denkmalschutz. Das im Renaissancestil erbaute Wasserschloss ist nicht nur ein früher Besitz der Herren von Hohenlohe, sondern es gilt auch als das schönste der hohenlohischen Schlösser. Nicht zu vergessen der großartige Park, im 18. Jahrhundert angelegt.

Weikersheim in the Tauber Valley was first mentioned in a document in 837. The entire historic town centre is a conservation zone. The Renaissance-style moated castle is not only an early domain of the lords of Hohenlohe, but is also regarded as the most beautiful of the Hohenlohe castles. It also boasts a magnificent park, laid out in the eighteenth century.

Weikersheim dans la vallée de la Tauber fut mentionnée dès 837. L'ensemble formé par le noyau urbain est placé sous la protection du patrimoine historique. De style Renaissance le château entouré d'eau n'est pas seulement ancienne propriété des seigneurs de Hohenlohe mais il passe aussi pour être le fleuron de leurs châteaux. Sans oublier le magnifique parc aménagé au XVIIIe siècle.

Nach 1200 bauten die Staufer in Wimpfen über dem Neckar eine stark befestigte Pfalz, die einzige in Baden-Württemberg und die größte in Deutschland. Von links: Roter Turm, Kaiserpfalz, Steinhaus, Blauer Turm, Kloster und zweitürmige Stadtkirche. Danach freie Reichsstadt.

After 1200, the Staufen princes built a heavily fortified palace in Wimpfen high above the Neckar, the only one in Baden-Württemberg and the largest in Germany. From the left: the red tower, imperial palace, stone house, blue tower, monastery and twin-towered town church. It subsequently became a free city within the German empire.

Après 1200, les Hohenstaufen érigèrent à Wimpfen un palais considérablement fortifié surplombant le Neckar, le seul du Bade-Wurtemberg et le plus grand sur le sol allemand. En partant de la gauche: Roter Turm (Tour rouge), Kaiserpfalz (palais impérial), Steinhaus (Maison de pierre), Blauer Turm (Tour bleue), monastère et église paroissiale à deux clochers. Wimpfen devint par la suite ville libre d'empire.

Wertheim, Anfang des 8. Jahrhunderts gegründet, ist die nördlichste Stadt Baden-Württembergs und liegt an der Mündung der Tauber in den Main direkt an der Grenze zu Bayern. Mittelalterliche Gassen und zahlreiche Fachwerkhäuser prägen das Bild des romantischen Altstadtkerns. Die gut erhaltene Burg aus dem 12. Jahrhundert ist das Wahrzeichen Wertheims.

Wertheim, founded in the early eighth century, is Baden-Württemberg's northernmost town. It lies at the mouth of the Tauber where it flows into the Main, directly on the border with Bavaria. Narrow mediaeval streets and numerous half-timbered buildings shape the image of the romantic Altstadt nucleus. The well-preserved twelfth century castle is the emblem of Wertheim.

Wertheim, fondée au début du VIII siècle, est la ville la plus septentrionale du pays de Bade-Wurtemberg et est située là où la Tauber se jette dans le Main, juste à la frontière de la Bavière. Ruelles médiévales et nombreuses maisons à colombages dominent dans le centre romantique de la vieille ville. La forteresse bien conservée du XIIe siècle est l'emblème de Wertheim.

Fotograf

Gerhard Launer, geboren 1949, zeigt seit über 30 Jahren als Luftbildfotograf Deutschland aus einer besonders faszinierenden Perspektive.

Gerhard Launer, born in 1949, is an aerial photographer who has been showing Germany from an especially fascinating angle for more than 30 years.

Depuis plus de 30 ans, Gerhard Launer, né en 1949, spécialiste en photographie aérienne, présente l'Allemagne sous une perspective tout particulièrement fascinante.

Autor

Martin Blümcke, geboren 1935, erwarb über viele Jahre hinweg als Redaktionsleiter des Ressorts „Land und Leute" im Hörfunk des Süddeutschen Rundfunks einen umfassenden Überblick über den deutschen Südwesten.

Martin Blümcke, born in 1935, spent many years as editor-in-chief of the Country and People section of Süddeutscher Rundfunk radio, where he gained a comprehensive overview of Germany's southwest.

Martin Blümcke, né en 1935, a acquis, au cours des nombreuses années où il a dirigé en tant que rédacteur la rubrique «Land und Leute» à la Radiodiffusion de l'Allemagne du Sud, une vue d'ensemble très étendue du sud-ouest de l'Allemagne.

Titel/Front cover/Couverture

Die 855 Meter hoch gelegene Burg Hohenzollern am Rande der Schwäbischen Alb bei Hechingen gilt als Stammhaus des gleichnamigen Herrschergeschlechts. In seiner heutigen Form wurde das Bauwerk vom renommierten Berliner Architekten Friedrich August Stüler (1800–1865), Schüler und Nachfolger Karl Friedrich Schinkels, konzipiert.

Hohenzollern Castle, perched 855 metres above the edge of the Schwäbische Alb near Hechingen, is considered to be the ancestral home of the Hohenzollern dynasty. In its present form it was designed by the Berlin architect Friedrich August Stüler (1800–1865), the student and successor of Karl Friedrich Schinkel.

Situé à la périphérie de la Schwäbische Alb (Jura souabe), près de Hechingen, le château de Hohenzollern, perché sur une colline à 855 mètres de hauteur, passe pour être la maison-mère de la dynastie du même nom. Tel qu'il se présente aujourd'hui, l'édifice fut conçu par le célèbre architecte berlinois Friedrich August Stüler (1800–1865), élève et successeur de Karl Friedrich Schinkel.

Rückseite/Back cover/Quatrième de couverture

links/left/à gauche:
Schloss Favorite bei Rastatt
Favorite Palace on the outskirts of Rastatt
Le château Favorite près de Rastatt

mittig/middle/au centre:
Blumeninsel Mainau, Bodensee
Mainau, the Island of Flowers, Lake Constance
L'île aux fleurs de Mainau, du Lac de Constance

rechts/right/à droite:
Schloss Langenburg hoch über der Jagst
Langenburg Castle over the River Jagst
Le château de Langenburg qui surplombe la Jagst

Impressum

Bibliografische Information der Deutschen Nationalbibliothek
Die Deutsche Nationalbibliothek verzeichnet diese Publikation in der Deutschen Nationalbibliografie; detaillierte bibliografische Daten sind im Internet über http://dnb.d-nb.de abrufbar.

ISBN 978-3-8319-0425-9

Text und Bildlegenden/Text and Captions/Texte et légendes: Martin Blümcke, Laufenburg
Fotos/Photos/Photographie: Gerhard Launer, Rottendorf
Übertragung ins Englische/English translation/Traduction anglaise: Paul Bewicke, Hamburg
Übertragung ins Französische/French translation/Traduction française: Claudie Gratias-Schmidt, Hamburg, Michèle Schönfeldt, Hamburg
Gestaltung/Design/Maquette: Büro Brückner + Partner, Bremen
Lithografie/Lithography/Lithographie: Griebel-Repro, Hamburg
Gesamtherstellung/Printing and binding/Réalisation d'ensemble: Offizin Andersen Nexö Leipzig GmbH

www.ellert-richter.de